2004.05　第33号「子どもの考えをつなぐ算数授業」

The・待つ姿勢！

授業づくりここが◎ここが×」

同単元のつながりを意識してつくる算数の授業」

子どもたちには優しい笑顔！

2015.11　第101号「算数好きを増やすこだわりのピカイチ授業　トコトン95」

与えるのではなく，子どもと作る。

2019.10　第125号「子どもの学力差に対応する授業づくり」

研究仲間とは厳しく議論！

2018.06　第117号　文章題の指導　私はこうしている

「忘れてた」ととぼけるのも大切な技術

2019.10　第150号「AI時代を生きる子どもたちに算数授業で育てたい力」

確かな授業力は国境を越える

2024.03　算数スプリングフェスティバル2024

一緒に学ばせていただき，幸せでした。

（文章・構成）青山尚司

FEATURES

子どもを算数好きに育てるコツ

REGULARS

表紙解説　「4コマ造形発想／ネガとポジ　Relationship between negative and positive forms」八洲学園大学　特任教授　佐々木達行
テーマの表現主題は「形のネガとポジの関係」である。写真にネガとポジの関係があるように，「形」にも凹と凸，版画の凹版と凸版，写す形と写される形がある。テーマはこれらの形の関係性を意識的に対比させて楽しむ造形発想である。ここでは彩色した形が凸，無彩の形が凹として対比的に4画面を構成した。凹と凸に色彩の変化を与えると動きも加わる。発想方法は視点の捉え方でもある。ところで「点」は凹か凸形か。新たな課題も生まれた右下の像である。

「好き」なら楽しんで全力で取り組める

　夏坂哲志先生が本校を去る日がやってきてしまった。32年という長い年月，筑波大学附属小学校で教鞭をとられ，私も14年間，一緒に働かせていただいた。

　14年も一緒に働いた先輩が去る3月31日は私にとっても特別な日。力一杯送り出したいと思っていた。だから，日曜日にも関わらず，夏坂先生には学校に来ていただくようお願いをした。

　11時半，送り出しの開始。プログラム1番は「エールを送る」。場所は噴水池の前。
「夏坂哲志の〜前途を祝して〜 エールを送る フレ〜フレ〜夏坂　フレフレ夏坂　フレフレ夏坂　ウォ〜〜〜〜　オーーー！」

　盛山応援団長の声が地響きのように学校中に響き渡った（実は盛山先生は，学生時代に応援団に所属していた本物の応援団員である）。学校では子どもの大声を嫌というほど聞いてきたが，この「エール」の声は，これまで聞いた中で，心に一番大きく響き渡った。

　場所を移し，歓送の会食と退職記念品の贈呈。送らせていただいた退職記念品は，実は私も色ちがいを愛用している。もちろん使いやすいので贈らせていただいたのだが，「愛用品が同じ」という後輩の個人的な優越感のようなものがそこにあった。

　楽しい時間が過ぎるのは早い。会食終了。あらかじめ決めていた送り出し企画はここまで。夏坂先生にも「翌日は初出勤なので，15時過ぎには終わりましょう」と伝えてあった。が，ここで終わらせるはずはない。
「もう一軒いきましょう！」

　たまたま通りがかった後楽園駅近くの中華料理屋にふらっと入り，思い出話を続けた。店を出ると暗くなってきていた。
「もう一杯いきましょう‼」

　次は後楽園遊園地の成城石井の前のベンチ。仲間が成城石井から満杯2袋分を買ってきて3次会。まだまだ思い出話は続く。
「ジェットコースター乗りましょう‼‼」

　この日を思い出に残すための企画が立ち上がる。しかも水のジェットコースター。ポンチョを着たが，びしょ濡れ。だが，そこには最高の笑顔があった。

「ラーメンいきましょう‼‼‼」

　いよいよ締めのコール。満腹ではあるが，やり尽くそうという思いが，算数部員の胃袋を奮い立たせた。

　締めのラーメンも終え，22時近く。これにて10時間の送り出しは終了。夏坂先生とは池袋駅副都心線で反対方向の電車に乗る。電車のドアが閉まり，手を振った。目頭に熱いものがこみ上げてきた。

　こんな送り出しになったのは，夏坂先生のことが「好き」だからである。「好き」なら楽しんで全力で取り組めるのだ！　特集題の「好き」に話を繋ぎ，結びとする。

152号編集担当　大野　桂

提 起 文

子どもを「算数好き」に育てるために教師ができること

大野　桂

■ 「学び方・学ばせ方」が目標になってしまう前に，初心に帰る

個別最適な学び・自己調整学習・1単位時間の長さとなどいった，子どもの「学び方・学ばせ方」の改革が次期学習指導要領の重点に据えられるようである。

そうなるのも無理はない。現在の教育においては，思考力・判断力・表現力の育成が「目標」に据えられているものの，現場では未だに教え込みの授業や型にあてはめただけの形式的な問題解決学習が横行し，思い描くようには，子どもの思考力・判断力・表現力が育っていないからである。

だから次期学習指導要領では，「学び方・学ばせ方」を改革することで，今度こそ「目標」である，思考力・判断力・表現力を育成しようというのだろう。

ところが，最近の教育改革の話を聞いていると，その「学び方・学ばせ方」が教育の目標になっているよう感じてしまう。「学び方・学ばせ方」にも型が求められ，その型の実現が目標になってしまうのではないかと心配である。

このまま教育改革が進むと，現場では，「学び方・学ばせ方」の型を実現することを目標とする授業が横行し，結局，子どもの思

考力・判断力・表現力は育成されないことになりかねない。

私たちが目指しているものは何なのであろう。どんな子どもの姿を理想として描いているのであろう。教育改革が目前に迫る今だからこそ，今一度，私たちは教育の原点，すなわち初心に帰るべきでではないだろうか。

そんな思いから，特集題を『子どもを算数好きに育てるコツ』と設定させていただいた。

■ 初心は「算数好きな子ども」に育てること

先ほど，「どんな子どもの姿を理想として描いているのであろう」と述べたが，まずは，算数の授業で理想とする子どもの姿を思い描いていただきたい。

私が理想とする子どもの姿は，「夢中で問題を解いている子ども」「根拠・理由を考えることに没頭する子ども」「むきになって自分の考えを発言する子ども」「仲間の話を興味深そうに耳を傾ける子ども」である。

この姿を一言でいえば，「算数好きな子ども」といえる。そう，私は，子どもを「算数好き」に育てたいのである。これが算数を子どもに教える教師としての私の初心である。

そして，子どもが算数好きになれば，おのずと思考力・判断力・表現力も育っていくの

だと思っている。

■「算数好きな子ども」に育てるために教師ができること

　それでは、「算数好きな子ども」に育てるために私たち教師ができることはなんであろう。それを明らかにするために、4つのカテゴリーに分けて述べてみることにした。

（1）教師の授業観

　「算数好きな子ども」に育てるためは、教師が授業に臨むにあたり、いくつかの心構え、すなわち授業観があると考える。例えば、次のものである。

・算数（内容や概念）は教えるのではなく、子どもとともに発見・創造していくこと

・子どもの表現や思考、発想や飛躍を楽しむこと

・子どもの表現や思考にはすべて価値があると思うこと

・子どもを信じ、慌てず笑顔で待ち、形式化・一般化は子どもの思考のスピードに合わせること

・すぐに正解・正答を子どもに求めず、「分かる」を急がせないこと

・今何をしているかを確認しながら授業を進め、子どもを迷子にさせないこと

・時々立ち止まり・振り返り、子どもを置いてけぼりにしないこと

・子どもの分からなさや困りを大切にし、それの解決を授業の目的にすること

・子どもの誤答や誤概念を大切にし、その修正を授業の目的にすること

・子どもの話したい・相談したいを大切にし、対話を推進すること

・自分の考えが大切にされている、生かされていると感じられるようにするため、理解や価値づけは仲間同士で仕合わせること

（2）「教材づくり」のコツ

　子どもを「算数好き」に育てるためは、「教材づくり」にも工夫がいる。例えば、次のものである。

・不思議さとの出会わせること「あれっ？」

・驚きや意外性と出会わせること　「わぁ？」

・想定外と対峙させること　　　　「んっ？」

・感動があること　　　　　　　　「おー！」

・多様さ広がりがあること　　　　「ほう！」

・ゲーム性があること　　　　　　「わー！」

・簡単だけど奥深いこと　　「ふむふむ…」

・難しいが取り掛かれること　「こうかな…」

・既習との繋がりがみえること　「そうだ！」

・発展性があること　　　　　　「だったら！」

・見えなかったもの（きまり／形／式／補助線など）がみえること　　　　「あっ！」

　本153号では、「算数好きな子ども」に育てるために教師ができる4つのカテゴリーのうち、上の2つのカテゴリーについて述べさせていただく。

　そして、のこり2つのカテゴリーとして考えている、『授業づくりのコツ』『算数の活動を子どもに楽しませるコツ』については、次の152号で述べさせていただくので、楽しみにお待ちいただければと思う。

概　　　論

子どもから「引き出す」ことを大切にする

森本隆史

■ 教え込みからの脱却

　子どもたちが算数を好きになるためには，算数を教えている教師の授業観が大切となる。

　わたしは，日頃授業をしているときに，

「どんなことを大切にしているか？」

と，尋ねられたら，真っ先に，

「子どもから『引き出す』ことを大切にしている」

と答える。

　では，教師は算数の授業において，子どもたちからどんなことを引き出すのだろうか。ざっと考えただけでもいろいろと頭の中に浮かんでくる。

> ・やる気　・考え　・表現
> ・わからなさ　・迷い
> ・かかわり合い　・やさしさ
> ・本気さ　・感動　・笑顔

　よく「主体的」という言葉が使われるが，そんな難しい言葉ではなく，単純に子どもたちの「やる気」を引き出したい。問題提示を工夫したり，よりよい発問を考えたりすることは大事だが，それは，子どもたちのやる気や，子どもたちの考え，表現を引き出すためである。

　子どもたちから「わからなさ」を引き出すことも大切である。子どもたちがわからないと感じるところについて話し合っていくと，本質につながってくることが多い。教師は，子どもたちが「わからない」と言うことは，いけないことだと思わず，そこからがスタートだと捉え，本質に向かうために言葉を選び，授業を進めていくというスタンスをとるとよい。子どもたちが「どっちかな？」と，迷う場面も意識してつくることは大切である。

　子どもたちから引き出したいことの中で，「やさしさ」という部分を，わたしは特に大切にしたいと思っている。読者の方にも想像していただきたいのだが，自分のクラスの中に，自分は困っていることがないから「先生，早く次に進もうよ」と発言する子どもがいたとしたらどうだろうか。教師も子どもも，いい気分にならないことが容易に想像できる。そうではなく「先生，○ちゃんが困っているから，みんなで話し合おうよ」という空間があれば，子どもも教師も居心地がいいはずである。時間がかかるかもしれないが，それよりも大事にしないといけないことだと捉えている。

　このような思いをもっている子どもたちが増えてくれば，認知的に共感することができる子どもが増え，困っている子どもたちが

「何がわかっていないのか」「何に困っているのか」「何がみえていないのか」「だったら、○○がみえるようにしたらいい」と考えることができ、表現も豊かになってくる。 かかわり合いも自然と増えてくる。

子どもたちが本気になる場面も必要である。教師がまちがえたことを言えば、子どもたちは正したくなるだろうし、友だちとみえていることがちがえば、自分の考えもわかってほしくなるだろう。そんなとき、子どもたちは本気になって時間を愉しむだろう。

自分ではできていないのだが、子どもが「感動する」授業をしたいと、教師が思うことは大切だと思っている。そのために何ができるのかと、悪戦苦闘することに意味がある。

最後に、45分の授業の中で一回でもいいから一人ひとりの子どもの「笑顔」を引き出したい。算数の内容がおもしろくて、子どもたちの表情が明るくなれば、こんなにうれしいことはない。

教師がよかれと思って、話せば話すほど、説明すればするほど、子どもたちの表情は硬くなり、表現するどころか、笑顔はどんどんなくなっていく。わたしも若いとき、何度も子どもたちの笑顔がない授業をしてしまったことがある。

■ 子どもを算数好きにする「教師の授業観」

先に述べた「子どもたちから引き出す」という授業観をもちつつ、子どもを算数好きにする授業観とは、どのようなものなのか。

「表現・思考にはすべて価値があると思う」

わたしたち教師が子どもから学ぶことはたくさんある。子どもたちが考えることや、表現することには意味があり、教師が意図しないことを子どもが考えていたとしても「まちがい」だとすぐに決めつけずに、じっくりと聞くということも大切である。

「迷子にさせない」

子どもたちから引き出すということを大切にするあまり、子どもが発言することをすべて受け入れていくと、本来学ばせたい見方・考え方から遠ざかることがある。子どもを迷子にさせないということを頭に入れ、教師が出るところはしっかりと出る。それを見極めて授業をしていくことも大切である。

「教師の想定を超えていくことを願う」

子どもたちを「自立した学び手」に育てる大切さが言われている。子どもたちが自立して学ぶためにも、子どもが教師の枠の中だけで学ぶという授業スタイルは好ましくない。時には、教師が想定していなかった見方・考え方を子どもができるよう、子どもの発想に付き合う時間がとれるとよい。

「対話はいつでもしていい」

授業をしていると、子どもが急に「言いたいことがある」と言うことがある。それに付き合うのかどうか。このあたりも教師の授業観と大きく関わってくる。

本誌には他にも大切にしたい「授業観」がいくつも示されている。それぞれの具体を読んでいただければ幸いである。

教えるのではなく，子どもとともに発見・創造していく

大野　桂

1 「発見・創造」する学習が授業の根幹

　「先生が，できるようになって欲しいことを教えてくる」。算数が好きになれない子どもが，授業や教師に対し，こんな思いをもっていると感じるのは私だけだろうか。

　そうすると，逆のこと，すなわち，「自分が，思いのままに創れる」と子どもが感じることができれば，「好き」と思えるようになれるかもしれない。

　つまり，「発見・創造」を授業の根幹にすることは，「算数が好き」と思う子どもに育てるために，必要なことだと言える。ちなみに「発見」とは，「自分たちの素直で多様な発想から未知の事柄やきまりを見つける」こと，「創造」とは，「自分たちの素朴な方法や考えをより洗練された形式的な方法や考えへと創り上げていく」ことと解釈できる。

　こうした活動はよりよい数学観を育むとともに，算数の内容の理解を促進し，数学的な見方・考え方をよりよく身に付けさせることができると考える。

2 これはできる！じゃあこれもできる!! だったらこれもできる!!! となる授業をつくる

　子どもが算数を発見・創造する授業にするポイントを，5年「三角形の面積」の導入授業を例に示す。提示した課題はこれである。

　三角形って，いろいろありますよね。それでは，どんな三角形なら簡単に面積が求められそうですか？　1つノートに描きましょう。

①これならできる

　この課題提示により，「直角三角形なら簡単に面積を求められる」と見出し，その理由を「長方形の半分」だからと説明したとする。これが「発見」ということである。

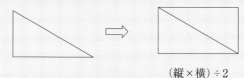

（縦×横）÷2

②じゃあ，これもできる

　直角三角形の求積が簡単だと発見されると，それと関連付けて，「だったら，二等辺三角形や正三角形も半分にすると直角三角形になるから……」と二等辺三角形や正三角形の求積方法を見出す子どもが現れる。

　そう，1つの「発見」をきっかけに，三角形の求積方法を創造しはじめたのである。

③だったらこれもできる!!!

　こうなると水を得た魚である。「だったら，ただの三角形も直角になる線を引けば……」と，直角三角形の求積方法と関連付けて一般三角形の求積方法を見出したのである。

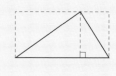

　このように，これはできる！　じゃあこれもできる!!　だったらこれもできる!!!　と，自分たちで算数を発見・創造できる学習になれば，子どもは算数を好きになるかもしれない。

発想の源を問うことで学びの履歴を顕在化する

青山尚司

1 「面白いことしてる」

　台形の面積の求め方を考える授業でのことである。子どもたちは，分割や倍積，等積変形などを用い，それぞれの方法を吟味しながら求積公式を導き出していった。

　これで授業が終わると思っていた時，「Yさんが面白いことしてる」という声が聞こえた。Yさんは，左右の斜辺を上方向に延長して三角形を作っていた。

　次の時間，Yさんは，大きい三角形の面積から，小さい三角形の面積を引くことで台形の面積を求めていることを共有し，「9×6÷2－3×2÷2」と式化した。他に誰もやっていない方法であったため，Yさんになぜこんなことを思いついたのかを問うと，「台形と三角形は似ているから」と答えてくれた。この言葉から，「台形の上底を0にすれば三角形の面積も同じ公式で求められる」という前時の終盤に引き出されたある子どもの発言が想起された。

2 「だったら……」

　すると，「だったら……」というT君が，「9×6÷2×$\frac{8}{9}$でもできる」と発言した。「どういうこと？」という子もいるが，確かに答えとなる面積は24 cm²で同じになる。T君の考えが見えた子は，「線を引いて細かく分ければわかる」という。ここで改めて図を配布し，分け方を考える時間を取った。「上の三角形で区切ればいい」と教えている声が聞こえた。子どもたちは，台形を下のように分割し，「大きい三角形は小さい三角形が9個あって，もとの台形の面積はてっぺんの三角形が含まれないから，$\frac{8}{9}$になります」という説明がなされた。

3 発想の源を問う

　T君にも，なぜこんなことを思いついたのかを問うと，「階段のときみたいに三角形全体の面積を1とみて，台形も面積がどれだけにあたるのかを表している」と説明した。この時，みんながハッとした。単元の導入時に，底辺の長さと高さが同じ，4段の階段と5段の階段の面積を比較する学習を行った際，子どもたちは，階段の形をマス目で分割し，外枠の正方形を1としたときに，階段がどれだけにあたるかで面積を比較していた。T君は，Yさんの方法に刺激を受け，導入時の発想を台形の求積場面で再現させたのである。

　子どもは発想や方法によさを見いだすと，異なる場面でも適用しようとする。だからこそ，発想に興味をもち，その源がどこかを問うことで，その子の学びの履歴を顕在化することが大切である。

表現・思考にはすべて価値があると思う

田中英海

1 教師の姿勢と授業の捉え方

若い頃は自力解決中の机間巡視で子どもの考え方を品定めしてしまっていた。発表検討がうまく進むには，誰から順番に指名していこうか。より高次な考え方へ。それがよい授業だと考えていた。もちろん算数の苦手な子たちを置いてけぼりにしようとはしていない。しかし，子どもからするとどんな教師に映っていただろうか。ジャッジする教師と学ぶ子どもは，算数好きになるだろうか。

35人のクラスには35通りのバラバラの思考の流れがある。しかし，教師は授業を1つのストーリーとして捉えがちである。学習集団全体の思考を高めていくことは大切であるが，集団の中には個の思考や表現がある。一斉授業において，35人全員の思考や表現を取り上げることはできない。一方，個別の学びにおいても，35人の思考や表現を授業時間の中で全て捉えることも不可能である。学習にはめあてや子どもの問いがあり，集団全体はおよそ同じ方向を向いている。解決が似通っていても，一人一人の捉え方，思考のストーリーは同じではない。全ての子の思考や表現に価値がある。そう思っている教師の姿勢が伝わるように授業をしたい。

2 よさや価値を早急に絞らない

考えや表現にはそれぞれ価値がある。簡潔・明確・統合といった算数数学のよさも教師による価値の押し付けになってはいけない。子ども相互の話し合いでも多数決になってはいないか留意する必要がある。子どもによって捉え方が多様なように，価値やよさの感じ方も多様でよい。1時間だけで判断できるものではなく，算数を広げていく中で子どもが価値に気付いていくことが大切である。

3 方略や活躍する子どもを絞ってもよい

解決方法が多様であると価値が伝わりにくくなる。自由に自力解決した後の発表検討，自分が考えていなかった他者の考えを聞いて理解することは大人でも難しい。そのため，解決方法や表現を絞ったり，対象を焦点化したりするとよい。発表検討の中でも「図を使って表せると言っているけれど，図でかけるかな？」「○○さんの説明の続きをノートに書いてみよう」など，絞った2度目の自力解決を（解釈して考え）させる。図という同じ方法でも表現する図や過程はもちろん違う。絞られているからこそ理解しやすくなり，価値が伝わりやすくなる。

また，一人の思考のストーリーに焦点化して授業を進めてもいい。つまずきにも価値がある。そう感じる経験や既習から乗り越えていく過程を明らかにできれば大事な見方・考え方をつかむことになる。「○○さんの考えで，みんなが深まった！」「みんなの考えに価値があるんだ」と授業の中で活躍した子，主役となった子を記録していき，全員に主役になったという実感を味わわせたい。

「広げる」子どもを育てる

森本隆史

◆教師の想定を超えるためには

授業は，教師が問題を与え，子どもたちがそれについて考えることから始まる。つまり，スタートは，教師が子どもたちに考えさせたいことを提示しているので，教師の想定を超えることはない。いきなり，超えるというのは授業としてはありえない。

では，どんな場面で教師の想定を超えてほしいと願うのか。そのひとつとして，子どもたちが発展的に考える場面がある。

教師が与えた問題を原問題として，子どもたちがその問題を「広げていく」場面で，教師の想定を超える子どもたちになってほしい。

ただし，問題を広げたのはいいが，新しい見方・考え方がないことばかりを経験していると，子どもたちは算数を好きにはならない。

◆6年「対称な図形（活用）」にて

単元の終末に，1つの円を示し，「1本の直線を引いて，面積を半分にしよう」と，子どもたちに言った。すると「無限に引ける」という答えがすぐに返ってきた。円の中心を通る直線は，必ずその円の面積を半分にするからである。

次に，同じ大きさの円2つを，円周上でぴったりとくっつけたものを子どもたちに見せて同じように問うた。

はじめは，アやイの直線しか見えていなかった子どもたちが，ウのように対称の中心を通る直線を見いだしていった。

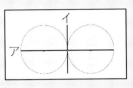

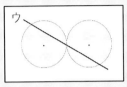

点対称な図形は，対称の中心を通る直線で，必ず合同な2つの図形に分けられるからである。

2つの円をくっつけた図形について考えた後，子どもたちに「じゃあ，次はどんな形で考えてみようか」と，問いかけた。1つ，2つときたので，子どもたちは「3つで考えてみよう」と言う子どもが多かった。こういう流れは，教師の想定内である。

右の図のように，エの直線は子ども

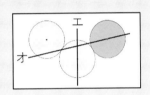

たちにすぐにみえてくる。しかし，オの直線はみえてこない。オは，3つの円を2つと1つに分けて考えている。左にある2つの円が組み合わさった形の対称の中心と，右にある円の中心を通る直線を引くと，面積を半分にすることはできる。

このようなことを学んだ後，子どもたちにさらに「次はどんな形で考えてみたい？」と尋ねてみた。4つの円について考えるという子どもは想定内。しかし，円を正方形や正三角形で考えてみたいという子どもも現れる。正三角形3つについては，並べ方によってできる場合とできない場合があるので，わたしも考えるのが楽しかった。

子どもを
算数好きにする
コツ5

子どもを信じて，慌てず笑顔で待つ

考えの方向性を確認する

盛山隆雄

1 「単位量あたりの大きさ」の導入で

「単位量当たりの大きさ」の単元の込み具合の授業では，1 m²あたりの人数とか，1 人あたりの面積で比較することを期待している。

例えば，次の問題ではどうだろうか。エレベーター①と②では，どちらのほうが混んでいるのか。

（エレベーター①）
6 m²で 8 人乗っている。
（エレベーター②）
4 m²で 6 人乗っている。

このとき，12 m²にそろえて，①は 8 × 2 ＝16，16人　②は6×3＝18，18人だから，②の方が混んでいる。このように人数の大小で混み具合を判断する考えがある。また，人数を24人にそろえて，①は 6×3＝18，18 m² ②は 4×4＝16，16 m² だから，②の方が混んでいる。このように面積の大小で混み具合を判断する考えもある。いずれにしても，面積と人数が比例することを前提に，公倍数で比較する考えである。

また，ミスコンセプションとして，1 m²に1 人ずついるとしたとき，①も②も 2 人あまるから，混み具合は同じと判断する子どももいるだろう。このように，なかなか単位量あたりの大きさで比較するアイデアが出てこないことにあせることがある。

2 考えの方向を確認する

このとき大切なのは，考えの共通点や根っこの部分を確認することである。最初の2つの考えの共通点は，面積または人数をそろえるという点である。このことを確認したら，そろえる値を問題にする。

「12 m²以外の面積にそろえた人はいるのかな？」

と尋ねると，24 m²にそろえたとか，中には2 m²にそろえたといった話が出てくる。そんな話題の中で，1 m²にそろえる話が出てくることを期待する。

そろえる人数にしても，公倍数を学習していれば48人にそろえることができることに気が付く子どももいる。1 m²にそろえる話が先にあれば，1 人あたりの面積という話も出てくるだろう。

面積や人数をそろえて比べることを確認し，あとはそろえる数値を吟味する中で自然に単位量あたりの大きさの比較の発想が生まれるのではないだろうか。

そして，その後は，単位量当たりの大きさで比較する考えは，どんな数値の場面でも使えるという，よさに気づかせる展開をつくっていくことが大切である。

一人ずつが表現していく場をつくっていく

中田寿幸

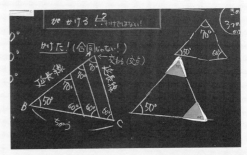

　算数の授業では「はかせ」が大切だという。「速く・簡単・正確」である。この言葉が「わかる」を急ぐ子どもを，そして教師を育てていると思う。

　正確に答えを出すことは大事である。だからこそ，速さを求めてはいけない。かけ算九九や1位数の加減は最終的には素早くできてほしいと思う。しかし，計算の速さを求め過ぎている。正確な計算を繰り返す中で，速くできるようになってくればいいのである。

　公式に当てはめて求めれば，簡単に答えを出していくことができる。しかし，そんな力を子どもたちに付けたいのではない。遠回りをしても，じっくり考えていく子どもを育てたいと思う。

　合同な三角形の学習をすると，三角形の合同条件が分かることが合同が分かることと教師も子どもも思ってしまいがちである。中学数学ではそれでもいいのかもしれない。しかし，小学校では図形が1つに決まるのはどういう条件のときなのかを考えて作図していく活動を十分にさせたいと考えている。

　例えば，角度が分からなくても，3つの辺の長さが分かれば合同な三角形はかけることを学んだ子どもは，辺の長さが分からなくても，3つの角が分かれば合同な三角形はかけるのではないかと考える。実際に角度を固定させて，三角形をかくことはできる。しかし，形は同じでも大きさの違う三角形になってしまう。ここから，辺の長さは1つは必要になってくることが体験的にわかっていく。

　「2辺とそのはさむ角」が分からないと合同な三角形にならないというのも感覚的に分かっていくが，それでも，はさむ角でなくても三角形はかける。ただし，1つの三角形に決まらないのである。そのことも実際にかきながら理解していくその過程が大切である。

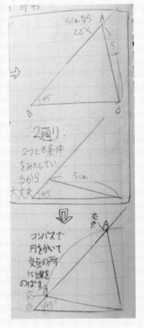

　子どもに「分かりましたか？」と聞くと「分かりました」と答える。「分かった」と思って先に進んでいくと，あとで分かっていなかったことに気付くことがよくある。

　分かっているかどうかを見るには一人で表現させてみるとよい。ノートに書けるか，言葉で言わせるか。これにも時間がかかるのである。

今，すること・考えることと その結論を明確にしながら，小刻みに進む

大野　桂

1 「迷子」の状態とは

　自力解決の場面。仲間は一生懸命に取り組んでいるが，私は何をしたらよいかがわからず，ただ時間が過ぎるのを待つ。

　比較検討場面。なんだか仲間は話し合いをしているが，私は，何の話をしているのかさっぱりわからないので，静かに身をひそめる。

　このような状態を，「迷子」と捉えている。そして，この「迷子」の状態の子どもは，算数が好きではない。

2 授業を小刻みに進める

　「迷子」にさせないためには，今，すること・考えることと，その活動ごとの結論を明確にしながら，授業を小刻みに進めることが効果的である。

　1年「繰り上がりのある足し算」の授業を例に，授業を小刻みに進める方法を示す。

（活動1）選ぶ

課題：2つのパックの卵を合わせた数を求めます。どちらが合わせた個を求めやすい？

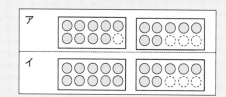

　ほとんどの子どもは「イ」を選んだ。

（活動2）数える

　ここで，「イの卵の方が多そうだけど……。ちゃんと数えた？　一緒に数えてみよう」と問いかけ，子どもと一緒に数える。

（活動3）イが求めやすい理由を考え，話す

　ア16個，イ17個と確認したところで，「やっぱりイの方が多い。勘違いだったんだね。数が少ないアの方が求めやすいでしょ」と問いかけた。すると，子どもが話をはじめた。

C：数えたんじゃないの。10個だから。

C：10+7は，数通りに十七と答えられる。

T：なるほど！　じゃあアは簡単じゃないの？

C：9+7は，数通りに九七とは言えないから簡単じゃない。

　この話し合いで問題の本質が捉えられた。

（活動4）10をつくる

　こうなれば次は，「10をつくる」という本質を捉えて解決に至る活動となる。

T：アも「10といくつ」ならよかったのにね。

C：卵を1つ動かせば10になるよ。

T：どの卵をどこに動かそうと思っているの？

（自力解決）

C：右のパックの1つを左のパックへ動かせば10と6になる。

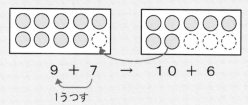

C：9+7が10+6になった！

　このように，今，すること・考えることと，その活動ごとの結論を明確にしながら授業を小刻みに進めれば，「迷子」にならず，かつ，本質に向かって子どもは進めるのである。

表現する活動から見取る

田中英海

1 子どもを見取ること

　置いてけぼりにしないためには，まずは子どもを「見取る」感度を高めていきたい。表情やノートなど見える見取りだけでなく，気持ちや思考の流れなど見えにくい部分を見取れるように，子ども研究と教材研究の両面が大切である。特に教材研究で系統を分かると，子どものみえ方，思考や表現の見取り方が変わってくる。

2 黒澤氏の「見取る」

　目標に照らして子どもの姿を評価する行為を見取りと考えていた。しかし，黒澤氏は次のように述べている。「『見取る』という行為には，子どもの様子を目標に向けて見て取る意味だけではなく，目標を押し付けず，まずは子どもがあるという基本的な指導者の態度が込められている」「『見取る』とは，とりあえず立てていた『目標を修正する』といったように，目標を自分にあったものへと変更していく行為である」つまり，目標を視点にした計画的な見取りに対して，子どもを視点とした即時的な見取りを大事にしている。一人一人の子どもの姿を見取り，個に応じた目標を更新していくことができるのであれば，昨今の個別最適な学びと協働的な学びを支える教師のあるべき姿といえるだろう。事前に立てている大きな目標に対して，焦点化して何をその子に期待するのかを描ける見取りは，置いてけぼりにしない1つの手立てとなる。

3 立ち止まりと表現する活動

　音声言語を中心とした比較検討だけでは，聞いて理解が追い付かないまま，次の発表や話題に変わってしまうことがある。教師は立ち止まって整理したり，問いや小刻みなめあての変容が分かるように板書したりするなどしたい（OB田中博史先生の書籍が参考になる）。

　また，一人一人が話したり書いたり身体表現をしたりなど表現する回数を増やしたい。特に既習事項とのつながりが見えやすくなった時，もう一度考える時間をとれるとよい。私は子どもが図を黒板にかいている時に一度止め，「○○さんが，図をかき終わる前に追い抜いてごらん」と声をかけることがある。板書を写す受け身の姿勢から，自分で表現する主体性を追い抜くと表現している。個の着眼点をスタートラインとしてそろえ，全員に出力させることは教師が見取る機会にもなる。

　出力することは，自分の思考を一度メタに捉え直すことにつながる。「分からない。難しい」という気持ちを素直に表現できる学習環境を作っていくと，友達の表現との異同にも興味が出ていく。友達に分かってもらいたい，友だちを分かりたいと子ども相互に置いてけぼりに作らない集団になっていく。

【参考文献】黒澤俊二（2004）『本当の教育評価とは何か―子どもの力を伸ばす評価の仕方』学陽書房.

対話のスタートは教師の判断

森本隆史

　1年生「くり下がりのひき算」の導入の時間のことである。子どもたちには，

> おりがみが12まいあります。
> □まいあげました。
> のこりはなんまいですか。

という問題を出し，はじめに「□がどんな数だったら，残りが簡単にわかるかな」と問うていた。子どもたちは，以下の①〜⑤の式を順番に発表していった。

　　　①12−2＝10
　　　②12−0＝12
　　　③12−1＝11
　　　④12−12＝0
　　　⑤12−10＝2

　教師が問うていたことに素直に答えるということはとても大事なことである。

　12−10という式が出て，答えが2だと確認した後，何人かの子どもたちが手を挙げている中，次のような言葉が聞こえてきた。

　「あと1つある」……………A
　「言いたいことがある」……B

　こんなとき，どちらにあてるか迷ってしまうのだが，わたしはBの子どもをあてる判断をした。1年生という段階もあり，子どもたちが言いたいと思っている芽をつむべきで

はないからである。しかし，まったく関係のないことを言う可能性もあるので，

　「関係のあること？」と，Bの子どもに確認をした。B子はうなずいて前に出てきた。そして，①12−2＝10の式を指さし，

　「この答え（10）を12から引いてる」

と言いながら，⑤12−10＝2　の式も手でポンポンとした。

> ①12− 2 ＝10
> ✕
> ⑤12−10 ＝ 2

　この子どもが言いたかったことは，大人の言葉で言えば，上のように「ひかれる数が同じとき，ひく数と答えを入れ替えても式が成り立つ」ということである。

　しかし，先ほどの表現ではなかなか伝わらない。1年生の表現は拙くて当たり前である。「意味わからない」と，他の子どもが言ったことで，B子が言いたいことをみんなで考える時間が訪れた。

　「もう一回言ってみる？」と促すと，「うん」と言い，先ほどよりもよい表現をしようとするB子がいた。

　B子が言いたいことを教師が汲み取り，他の子どもたちに説明すれば，さほど時間はかからなかっただろう。しかし，そんなことを続けていけば，対話は生まれない。

　式を答えるという場面であったが「おもしろい」ことに気づいた子どもは，いつでもそれを言おうとしてよいのである。ただ，指名するかどうかは教師の判断だが。

理解の幅や深さを生み出す

盛山隆雄

1 貴重な言葉「わからない」

　クラスで誰か一人でも「わからない」と言った場合には，同じような状態の子どもは複数いると考えることが大切である。

　そして，クラスで素直に「わからない」を言える子どもを大切にすべきで，そういった態度の子どもを育てておくと，結果的にクラス全員の理解の幅や深さを生み出すことになる。また，子どもの問いをもとに授業を展開することになるので，思考力を高めることもできると考えている。だから，「わからない」という言葉は貴重である。

2 「わからない」から深い学びへ

　子どもが「わからない」と言った時に，どこがわからないのか，焦点化することが大切である。

　4年生でわり算の授業をしていたときのことである。72÷3の計算の仕方を，ある子どもが「72を60と12にわけて……」と説明し始めた。そのとき「えっなんで？　わからない」と言う子どもが現れた。この反応に，むしろ他の子どもたちが驚いた様子であった。他の子どもたちから「どこがわからないの？」という言葉が出たので，その子どもは，次のように話してくれた。

「どうして72を60と12に分けるの？」
この問いは，子どもたちの思考を深くした。
　ある子どもは，
「60と12は，3でわり切れるからです」
と話した。この発言を聞いたある子どもは，次のように話した。
「60と12でなくても，30と42でもいいよね。30÷3＝10，42÷3は……これが難しいか」
と途中でつまった。このとき，
「42をまた30と12にわけたらどうかな。えっと，30÷3＝10，30÷3＝10，12÷3＝4で，10＋10＋4＝24　答えは24になります」
他の子どもは，
「60÷3は昨日やったから，この計算を使おうと考えたの」
と話した。また別の子どもたちは，
「69÷3のときは，6÷3＝2，9÷3＝3と計算できたでしょ。でも，72を位ごとに7と2に分けて計算しようとしたけど，7÷3ができなかったから60と12に分けました」
「70と2にわけてもできないからだよ」
「7÷3＝2あまり1でしょ。このあまり1は10の意味だから，この10と2で12ができて12÷3＝4とすればわりきれるよ」
などと説明が続いた。

　なぜ72を60と12にわけるのか，この素朴な問いのおかげで，72÷3の計算の見方がぐっと深まっていった。ここでは紹介しきれないが，問題場面に合った図を使った説明も行われたので，それぞれの説明の意味理解もよくできたようである。素直な「わからない」の価値をクラスで共有したいものである。

「誤答」「誤概念」を大切にする

誤答の原因を明らかにする

中田寿幸

　3年生と，10時20分から90分たった時刻を考えたときのことである。

　11時50分と11時10分という答えが出た。11時50分の子は90分を1時間30分に直して計算したという。筆算をすると板書の左のようになる。これはみんな納得した。11時10分の答えを出したA君も11時30分の意見を聞いて納得した。

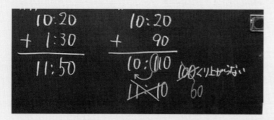

　ここで終わりにせずに，A君がどのように考えたのかをみんなで考えた。「ぼくも最初A君と同じように考えていたんだ」という子が説明してくれた。それが板書の右側である。A君は前の時間に学習した「分の位」同士をたしてみた。すると10時110分になってしまった。ここでA君は100を繰り上げて，10時を11時にし，残った10分を加えて11時10分にしたのだ。「繰り上がりは60でするのに，100でしちゃったんだよ」「でも，その気持ちわかるなあ」「100が無くなれば，10分でいいんだもんね」子どもたちから共感する気持ちが出された。

　「A君の10時110分でも大丈夫だよ」という子がいた。「110分の中に1時間の60分が入っているでしょ。110から60を引いたら50だから50分で，1時間が10時に繰り上がって11時50分になる」と説明があった。「私はひき算じゃなくて110分を60分と50分に分けて考えたよ」という考えも出された。

　算数セットの時計の模型を使って考える子がいた。

　5，10，15……と5分ずつ増やしていって90分増やしていった子がいた。「ぼくは10，20，30……って10分ずつ増やすよ」という。15分ずつ増やして数えていくという子もいた。「30分ずつ増やすと時計の針がちょうど反対になって，もう30分増やすと元にもどる。最後にもう1回30分増やせば，90分増やしたことになる」という考えも出てきた。何分ずつ考えるかはいろいろなときがあってよい。すると，「40分増やしてもいいんじゃない？」という子がいた。10時20分から40分増やすとちょうど11時になるでしょ。残りは50分をたして11時50分」という考えが出てきた。これなら難しい計算はいらないね。簡単でいいね。5分ずつ増やして数えていくという考え方を扱っていくことで，40分をたしてちょうどの時間にする考え方を引き出すことができた。

　授業でどんなに準備をしても，子どもは必ず間違える。だれも間違えないような内容なら授業をする意味はない。誰かが間違えてくれるからみんなで考えていくことができるのである。間違えが出てきたときが学ぶチャンス，成長するチャンスなのである。

簡単な場面で確立した方法を，別の場面で適用する

青山尚司

1 できることを発展させる繰り返し

多角形の内角の和を求める学習では，まず基本となる三角形の内角の和を学習し，頂点を増やしていきながら，頂点がいくつでも，$180 \times (\Box - 2)$ という式で内角の和を求めることができることを学んでいく。もっといえば，三角形の中でも内角の和を求めやすいものはどれかを問い，子どもが想起したものから考えていくとよい。算数の学習は，できることを発展させていくことの繰り返しであり，その意識を子ども自身がもてるようにすることが大切である。

2 2人の比較から集団の比較へ

このことは，「Dデータの活用」領域でも大切にしたい。6年生の「資料の調べ方」の導入は，集団の特徴を把握するためにデータを比較する。よく扱われるソフトボール投げの場面では，提示された1組と2組の記録を，散らばりや代表値を観点として特徴を見いだしていくのである。しかし，その活動の必要感が乏しく，手法を教えて，やらせる展開になってしまいがちである。

そこで，2人の子どもがソフトボール

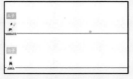

投げで勝負をしようとしている場面から導入する。3回ずつ投げる様子をアニメーションで観察すると，Aさんは3回とも安定してボールが飛び，Bさんは1，2回目が失投で，3回目だけかなり飛んだことがわかる。どちらの勝ちかを話し合う中で，ボールが落ちたところに印をつける，あらかじめメジャーを置いておくといった，ドットプロットのもととなるアイデアが引き出される。記録の数値化がなされると，平均値が大きく安定したAさん派と，最大値が大きく底力のあるBさん派が対立する。子どもたちは徐々に，「ルールが決まって

いないと勝敗も決められない」と気付いていく。そこから，「勝敗を決めるのは難しいけれど特徴は分かる」，「その人の調子や個性は分かる」と視点を変えていくのである。後半はAさんが所属する1組と，Bさんが所属する2組の記録を比較するのだが，前半の議論を経たことによって，数直線の上に記録を載せるアイデアや，代表値での比較，また，記録から特徴を見いだそうという目的意識が自然と引き出されるのである。

3 子どもの考えを生かす授業設計を

このように，簡単な例から導入し，そこで確立した方法を別の場面で適用できるように授業を設計すると，自分たちの考えが生かされているということを子ども自身が実感できるようになるのである。

「教材づくり」総論

田中英海

1 教材づくりの視点

　よい教材は子どもを夢中にする。「どうしてそうなるの？」と考えることに没頭させる。そして，子どもが数学的な見方・考え方を自然と働かせ始める。このように，よい教材にはいろいろな要件がある。総論として，各論を整理し，算数好きにする教材の作りの視点を述べる。これからあげる視点は単一ではなくうまく組み合わせていくものである。

①感覚とのずれはあるか？

> ・「あれっ」不思議さと出会う
> ・「わぁ」驚き・意外性との出会う
> ・「おかしい」想定外と対峙する

　見通しや想定とのズレ，違和感，他者との考えや表現にずれが生じる教材にする。ズレは「どうしてそうなるの？」「他の場合もいえるの？」「いや絶対に変だ！」など，新たな疑問を生んだり，友達に伝えたくなったりと子どもが動きだすきっかけになる。

　例えば，AとBの2つを問題提示することで意図的なずれを作ったり，□に子どもそれぞれが決めた数字を入れさせたりするなどして，表現が分かれるようにすることも他者の感覚とのずれを引き出すことになる。

②算数の発見は秘めているか？

> ・「おー」感動がある
> ・「ほーー」多様さ・広がりがある

> ・「わー」ゲーム性がある
> ・「ふむふむ」簡単だけど奥深さがある
> ・「うーん」難しいけどなんとかなる（試行錯誤）
> ・「あっ」見えなかったものがみえる（きまり・数・式・形など）

　これらも一種のずれを作る手立てである。思ってもみなかった感覚から，見えていなかった新たな算数の内容や見方・考え方が見えてくる。自然と見方・考え方を働かせてしまう子どものみえ方が変わるように教材を工夫したい。

　例えば，ゲーム化することは，ルールや勝つためのコツに，新たな算数の発見や知識や技能を洗練させていく必要感をもたせられることがポイントになる。単なるゲームの楽しさが，算数の楽しさに変わっていけるとよい。

③学習したこととのつながりはあるか？

> ・「そうかっ」既習とのつながりがみえる
> ・「だったら」発展性がある

　既習事項をもとに新たな知識や技能を創っていくことが算数授業の基本である。単に子どもを夢中にさせても，それが子どもの学習とのつながりがなければよい教材とは言い難い。パズルのような問題は確かに子どもを夢中にさせる。トピック教材と呼ばれる算数の既習事項やこれから学ぶ学習とのつながりがみえるタイミングで行えれば，よりよい教材

ともいえるだろう。

2 生活の中で算数を見つける

　時には教科書の問題を離れて，日常生活の中にある算数を見つけたり，算数を日常生活の問題解決に活かしたりできるといい。教材づくりの視点で子どもの日常生活を見たい。

　1月に行った書き初め。半紙を雲画紙にバランスよく貼れていない子がいた。

　ここで教師が「左右と上下の端を同じ長さにして貼ります」と指導すれば問題にはならない。上手くいかないことや違和感は，算数の知識や見方・考え方で解決できることがある。下の板書のように必要な長さを測ることで，余白の長さを求めることができた。

　また，図を整理することで $24 = \square + 18 + \square$ や $\square \times 2 + 18 = 24$ など，雲画紙の長さ = 余白 $\times 2 +$ 半紙　という関係になっていることをつかむことができた。これは3年「□を使った式」での実践である。□を複数使う総合式の素地となった。さらには半紙

が複数並ぶ場面へと発展させることができる。生活の中にある問題を算数で解決する教材を通して，知識や技能を獲得したり，活かしたりする算数好きの子供を育てたい。

3 子どもが算数を広げる面白さ

　教材づくりを教師の視点で考えてきた。基本的には教師が問題を出すが，エサを待つ魚のように面白い問題を出してもらうという受け身にしたくない。問題から問題を作り，問題の中の算数の面白さを深く追究できるようにしていくことが大切である。その際，問題の発展のさせ方については留意したい。数字や形，条件を変える時，概念や体系を創る意識は，子どもにあるだろうか。算数科の目標にある「統合的・発展的に考察する」というのは，ただ単に数字や形を変えることではない。統合の視点による発展である。新しい学習の中に既習とのつながりを見つけ，これまでいえたことが条件を変えても同じようにいえるかを考えようとすることである。教師自身も算数を創るという視点で授業や教材づくりをしたい。最終的に，子ども自身が算数の概念や体系をつくろうとすることに面白さを感じる算数好きな子どもにしたい。

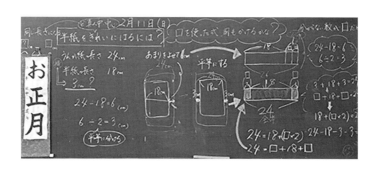

算数好きになる扉を開き「心」が動き出す瞬間

京都府南丹市立八木西小学校　谷内祥絵

1 「あれっ」？

こちらの写真は，1年ひきざん（十何）−（1位数）で繰り下がりのあるひき算について，数図ブロックを操作しながら，「13−9」の計算方法を見いだすことをねらいとしている場面である。子どもたちの中から，数え引き，減加法，減減法の計算の仕方が出てきた。子どもたちが計算の仕方を説明し，それぞれ計算の仕方を比較しながら，「やっぱり，10からひく方が簡単にできるね！」と話していると，ある子が，この2つの数図ブロックを比較しながら，「あれ？○○さんのお話（説明）と○○くんのお話（説明）は，ちがうのに，ブロックは一緒（同じ）なの？」とつぶやいた。すると，それを聞いていた別の子が，「本当！同じになるね！じゃあ，もう1回，はじめから，ゆっくり2人のお話を聞いてみようよ！」と動き始めた。

この2つの数図ブロックは，数え引きの図と減減法の図である。それぞれ計算の仕方は異なることに対し，操作後の数図ブロックは同じであることに気付いた瞬間であった。子どもの不思議さとの出会いを全体で共有し，素朴な疑問を子どもたち同士がつなぎ，さらに学びを深めたいと動き始めた瞬間であった。

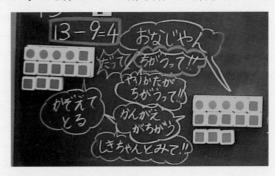

2 心が動き出す瞬間

子どもたちが「あれっ」と，立ち止まる瞬間には，必ず動き始める「算数の愉しさを感じる心」がある。子どもたちの「なぜ？」「どうして？」「たしかめてみたい！」と動き始めた瞬間を見極め，その瞬間を全体で共有することで，不思議さとの出会いを全体へと広げることができる。そして，「あれっ」と感じる瞬間を大切にすることが，新たな算数好きを育てることにつながっているのではないかと考える。さらに，その不思議さとの出会いの中には，必ず子どもの問い（疑問）があり，さらに問いを深くする姿が垣間見える。下学年で算数の愉しさを思う存分味わわせ，子どもの気づきから，不思議さに出会うきっかけの「あれっ」を見極め，上学年へとつなげていきたいと思う。

見えていなかったとことと出会わせる

森本隆史

6年生と「対称な図形」を学んだときのことである。子どもたちに「面積を半分にする1本の直線をひこう」と問いかけ，長方形を見せた。はじめはマスを数えながら，面積を半分にする直線を見つけようとしていたが，長さを測る必要がないことにだんだんと気づいていった。そして，点対称

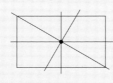

な図形は，対称の中心を通る直線を引くと，2つの合同な形に分けられるので，上のように長方形の面積を二等分する直線は無限に引くことができるということがわかった。

次に子どもたちに下のようなL字型の形を見せた。このL字型の形の面積は38 cm²。子どもたちは面積を二等分するために，はじめは19 cm²になる形を作ろうとし始めた。ある子ども

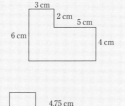

は長方形で考えた。縦4 cm，横4.75 cmで，面積が19 cm²になる。

続いて，19 cm²になる台形を作ろうとする子どもが多数現れる。答えが19になるような式 (1.5+8)×4÷2や (5+4.5)×4÷2という式を見つけた子どももいた。

公式から考えている子どもは，上の2つの台形になるような直線を引く考えが多かった。しかし，ある子どもは下のような直線を引いていた。このタイミングでその子どもを指名

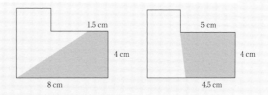

した。その子は「台形もたくさんある」と言い始めた。

多くの子どもが「どういうこと？　たくさんある？」という表情をしていたが，その子どもが「(○

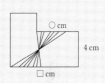

+□)×4÷2＝19になればいいということは，○＋□が9.5になればいいということだ」と説明した。その説明を聞いていた子どもたちは「あれ？　○＋□が9.5になるようにすればいいんだったら無限にあるんじゃない？」と言い始めた。そんな経験が大切である。

点対称を学んだ子どもたちなので，L字型を右と左の長方形に分けたり，上を下の長方形に分けたりして，それぞれの対称の中心を通る直線を引いて面積を二等分す

る子どもも現れた。「この直線はどう？」と，右下の直線を見せた。「あれ？　これもできるかも」と，子どもが動き出した。

数の並びの面白さを味わわせる

中田寿幸

　2年生でかけ算九九を構成していくとき，同じような構成の仕方で9の段，1の段まで続けていくようになってしまう。九九の暗唱に時間をとられてしまい単調で楽しくない授業が続いてしまう。

　九九の構成をしていくときには，九九の数字の並びの面白さを子どもに見出させたいと思う。そして，「九九って面白いなあ。不思議だな」という気持ちで暗唱にも取り組ませていきたいと思っている。

　5の段を構成していくと，一の位が5，0，5，0……と5と0が繰り返し出てくる。次に2の段を構成していくと2，4，6，8，0が繰り返される。「一の段を見ると面白いぞ」と思っていた子どもたちは3の段の九九の一の位の並びに着目する。ところが一の位は，3，6，9，2，5，8，1，4，7となって「バラバラだね」となってしまう。ところがよく見ると，1から9まですべての数が出てきていることに気づいていく。しかも後ろから1，2，3また後ろに下がって4，5，6，もう一度後ろに下がって7，8，9と並んでいる。

　九九を構成していくとき，×9までではなく，×10，×11，×12とかけられる数の分だけ答えが大きくなることに気づいた子どもたちはたし算をかけ算九九を超えて構成していく。3の段は延ばしていくと，一の位が3，6，9，2，5，8，1，4，7，0を繰り

返すことが見えてくる。バラバラだと思っていた3の段の答えの一の位だが，きまりがあることが見えてくるのである。

　4の段のかけ算になると，一の位は4，8，2，6，0が繰り返される。この4，8，2，6，0は2の段の一の位と似ていることに気づく。すると，他の段の一の位と比べ

$3 \times$	1	$=$	3
$3 \times$	2	$=$	6
$3 \times$	3	$=$	9
$3 \times$	4	$=$	12
$3 \times$	5	$=$	15
$3 \times$	6	$=$	18
$3 \times$	7	$=$	21
$3 \times$	8	$=$	24
$3 \times$	9	$=$	27
$3 \times$	10	$=$	30
$3 \times$	11	$=$	33
$3 \times$	12	$=$	36
$3 \times$	13	$=$	39
$3 \times$	14	$=$	42
$3 \times$	15	$=$	45
$3 \times$	16	$=$	48
$3 \times$	17	$=$	51
$3 \times$	18	$=$	54
$3 \times$	19	$=$	57
$3 \times$	20	$=$	60
$3 \times$	21	$=$	63
$3 \times$	22	$=$	66

るようになっていく。6の段は3の段と8の段は2の段，4の段に似ている。9の段の一の位はとても分かりやすい。ところが分りやす過ぎて9の段と1の段がペアになっていると見ることが難しくなる。難しいと見えてきたときは，驚きが大きくなる。かけられる数のペアが10のときの答えが10の段になっていることが見えると，11の段，12の段と構成していくごとに新しい発見，つながりが見えてくる。子どもたちは九九の数字の並びの面白さに魅了され，暗唱も意欲的になっていく。

　低学年では数字の並びの面白さにたくさん触れさせたいと思う。関数と見なくてもよい。1年生のころから例えば答えが7になるたし算の式を並べてみるような活動を通して，数字の並びを見いだすことの面白さを味わわせていきたいと思う。

0	$+$	7	$= 7$
1	$+$	6	$= 7$
2	$+$	5	$= 7$
3	$+$	4	$= 7$
4	$+$	3	$= 7$
5	$+$	2	$= 7$
6	$+$	1	$= 7$
7	$+$	0	$= 7$

「子どもの素朴な言葉」と「教科書の定義」を比較する

港区立御田小学校　沖野谷英貞

1 平行の定義に「垂直」は関係あるの？

本稿では，第4学年「垂直と平行」の実践を紹介する。第1時は，複数の四角形を提示し，仲間分け活動を行った。子どもたちは平行の有無に着目して，四角形を分類整理していった。その過程において，平行に対して感覚的にもっている言葉を表現する姿が表出した。例えば，「前へ習えみたいにまっすぐになっている」「幅がどこも等しい」「どこまで行っても交わらない」などである。これらの発言は平行の定義ではないが，平行の性質に繋がる大切な言葉である。

平行について，子どもたちが自分の言葉を使って説明し終わった後，教科書の平行の定義を確認する時間をとった。教科書では，平行の定義は「1本の直線に垂直な2本の直線は平行である」と書かれている。子どもたちは「自分たちが考えた平行を表す言葉」と「教科書の定義」の違いに驚いていた。子どもにとって，平行の定義が想定外だったこともあり，「平行の定義なのに，どうして『垂直』が関係あるんだろう？」という問いが生まれた。

2 定義に基づいて平行の作図をする

第2時は，平行の定義に垂直が関係している理由を考えるために，平行の作図の授業を行った。平行の作図を行うには，平行の定義に基づいて考えなければならないため，子どもたちが自然と垂直に着目できると考えたか

らである。

授業中，子どもたちは平行の作図をどのようにすればよいかを悩んでいた。自分なりに平行のイメージはあるものの，それを使って作図しようとすると上手くいかないからである。しかし，教科書の定義に基づいて，平行の作図に成功した子たちが少しずつ増え始めた。

平行の定義に基づき，1本の直線に対して垂直な2本の直線をかいたのである。これ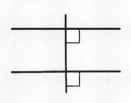は，三角定規を上下に動かすことから「エレベーター方式」と名付けられた。

また，1本の直線に等しい角度で交わる性質（同位角）を見つけ，新たな平行の作図の仕方を考える姿も見られた。これは，三角定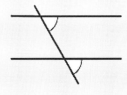規を右斜下に動かすことから「エスカレーター方式」と名付けられた。

平行の作図を通して平行の定義に垂直が関係する意味を考えるきっかけになった。

3 子どもの違和感は学びの原動力

本実践では，「子どもの素朴な言葉」と「教科書の定義」を比較することを通して子どもから違和感を引き出すことができた。この違和感が学びの原動力となり，算数の追究が持続させたと考えられる。

感覚をひき出し，見つめ直す

田中英海

1 かけ算で計算できない!?（3年「時間と時刻」）

電車がレールを1周回る時間を数えさせる。1，2，3，4……と数を唱えると，どうも友達とズレる。その原因として，0から1の幅を意識せずに，いきなり1と数えてしまっている子がいる。安価なキッチンタイマーは，ボタンを押すと即1が始まるものもある。友だちや機器のずれなど，同じはずのものがズレると，どちらが正しいのか気になってくる。

秒という時間の幅を意識させた後，下のようなレールの動画を，電車が半分まで進んだ所で動画を止めた。一周は何秒かかるだろうか。

やまだいおもちゃ箱「【初心者向け】超簡単でこどもに人気のプラレールレイアウトを作ろう！」
https://www.youtube.com/watch?v=A_hModB7WaY&t=27s

「10×2＝20」と1周の時間を予想した。しかし，最後まで見ると18秒である。「おかしい！」と言っていた子どもも「下り坂だ」とその意味に気付く。かけ算は比例関係が前提である。当たり前にできると思ったかけ算も，等速でないと計算できないことに気付けた。

2 $\frac{1}{10}$ m は，目盛りにない!?（量分数）

2mのテープを示して，$\frac{1}{4}$ m を切り出すような問題は5年生でも大人でも間違ってしまう。割合の意識が強すぎるからだ。元の長さを極端に短くしたり長くしたりしたテープで実際にやらせてみる。その場では元にする1mが大事だと分かったとしても，時間が経つとその意識が遠のいてしまう。単元のまとめに，次のような問題を出した。

適当な長さに10このめもりをうった半直線を記し「0から $\frac{1}{10}$ m の所に↑をつけましょう」と問題を出す。

元の長さを意識している子は，10めもり目に1mをつけて，1めもり目に $\frac{1}{10}$ m と表現した。正しい解答と認めたうえで0から10cmの所に↑をつけた。子どもたちは「え！」「おかしい！」と口々につぶやく。$\frac{1}{10}$ m の意味に立ち返らせると，$\frac{1}{10}$ m は1mを10等分した1つ分の長さ，それは既習の0.1mと同じ長さである。「確かに……」「先生ずるい」と納得していった。少し意地悪な問題かもしれないが想定外は印象に残る。量分数を理解するために，元の1mを基準としていること，単位のついている分数は一意の量（ここでは長さ）を表していることをつかませた。

「あれ？　分けられるはずなのに…」

沖縄市立美原小学校　比嘉和則

1 ジュースを3人で等しく分ける。

5学年「分数と小数・整数」の実践である。

> 問題：□Lのジュースを3人で等しく分けると1人分は何Lになるでしょうか。

児童は当然「□に入る数が知りたい！」と反応するはずである。教科書各社いろいろなアプローチがあると思うが，私は1〜3の3つの整数に限定した。ここでは単に□に数を入れるのではなく，絵を提示しながら問題場面を読み取らせた。この絵こそが児童を想定外と対峙させる「しかけ」となる。

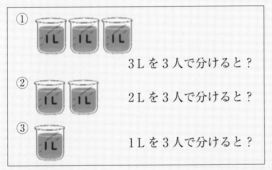

① 3Lを3人で分けると？
② 2Lを3人で分けると？
③ 1Lを3人で分けると？

1位数÷1位数なので5年生の児童にとっては一見簡単そうに見える。さらに絵があることで等分除をイメージするだろう。「3つのうちどれからやろうか」というと全員一致で①を選択した。3÷3＝1で1Lが答えとなる。児童は次に②を選択した。さあここから想定外の始まりである。2÷3＝0.666…となり割り切れない。児童は生活経験と計算での処理のズレを感じるはずである。「あれ？　おかしい。ジュースは3等分できるは

ずなのに……」ここは一旦解決を保留して残りの③に進む。1÷3＝0.333…となりここも割りきれない。

2 図に置き換えて考える。

「本当に数値として分けることができないのか」簡単そうにみえた問題は，児童の思考がわり算（等分除）に引っ張られたため困難を極める。

そこで提示した絵を右下の図に置き換えて「1を3等分した1つ分は過去に学習したはずだけどなぁ」と発問してみる。

解決の手がかりを「図」へ転換することで，既習の「量分数」の考えを生かして図に働きかけるはずである。

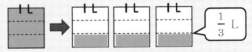

$\frac{1}{3}$ L

あとは②の2÷3についても1Lずつ考えていけば解決することができる。

3 想定外を乗り越える経験を

5学年で「商分数」を初めて学習する。計算の処理も大切だが，ここでは「除法と関連した分数の意味を確実にしたい」というねらいがあり，だからこそ「図」での操作を通して捉えさせることが大切である。教科書の内容でも想定外へ導くことができ，それを乗り越える経験を日々の授業で積ませることが「算数好き」を育てるコツだと考える。

見方を面白がる子どもに

盛山隆雄

1 算数における感動

　算数では，今まで見えなかったものが見えた瞬間に感動がおこる。それは，きまりであり，数や図形の構成であり，問題解決の方法や結果でありと様々である。また，自分がもっていなかった他者の考えとの出会いも感動を呼び起こす。

　そのほかには，美しい図形や式，解法との出会いに感動することもある。

　それらの感動は，高学年だけでなく，低学年の子どもたちでも味わえるものである。

2 算数における感動

　2年生のかけ算九九の活用場面では，例えば右のように並ぶ碁石の数を数える問題がある。この数え方を表す次の式が発表された。

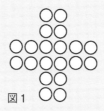

図1

　「5×4＝20　20個」
この式は，当初図①のように子どもに読まれたが，話し合いをして，これは4×5の図であると修正された。では，5×4＝20は，この図をどうみたのだろうか。

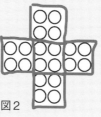

図2

　次に登場したのは，図③の見方である。図のように1つ分をL字型に5個をとっている。合同なL字型が4個で5×4である。この図を見た子どもたちから

　「きれいだねー。」
といった言葉が出てきたのがよかった。こういった美しさに関する感動も味わえるのが算数だ。

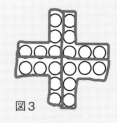

図3

　さらに図④の見方が発表された。図の通り5個のかたまりが4個分である。これについても，

　「風車の羽みたい」
といった見立てをする子どもがいて，盛り上がった。全体の形を合同な形に分割するように見ることができると，子どもたちは美しいと感じるようだった。

図4

　最後に登場したのは，図⑤の見方である。この見方が説明されたとき，子どもたちから

　「おー，すごい！」
という声が出てきた。対象を動かすという発想はみんなもっていなかったのである。

　しかし，この案を考えた子どもは，意外に普通にしていて，

　「5×4は，1つ分が5個で，4列分だからこう考えました」
と話していた。

　算数の授業では，見えなかったものが見える瞬間をできるだけつくりたいものである。

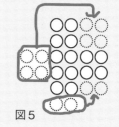

図5

4年「わり算の筆算」

創造過程が体験できる教材の設定

大野　桂

1 算数を創造する感動を味わう教材

算数は，人間が長年に渡って創造してきた産物である。だから，算数では，この創造的な過程を経験させ，「思考の産物を創造していく際の数学的な見方・考え方」を味わわせることが重要であり，そこに感動がある。

それには，創造過程が体験できる教材の設定が欠かせない。ここで，わり算の筆算（4年）が創造する授業で，創造を引き起こす教材と創造を支える発問のポイントを示す。

ポイント1　「面倒さ」を感じさせる教材

たくさんあるクッキーを3人に配ります。
1人に何枚配れますか？

この課題を板書し，右のように電子黒板に移動操作できるクッキーを提示した。

子どもたちは，クッキーを1枚ずつ人の場所に置いていった。しかし，きりがなく，「面倒」と感じ始めた。

操作の「面倒」を感じさせることが創造への第一歩であり，教材のポイントである。

ポイント2　発想の具現化を促す発問

想定どおり，「何枚かまとめて配りたいから，全部の数を教えて欲しい」という声があがった。そこで次のような問いかけをした。

「まとめて配る」方法をどの子も簡単に使うには，全部の数がいくつなら都合がいい？

「まとめて配る」という発想の具現化を促す発問である。発問により，30個・60個・90個という数を表出した。そして実際に，30個の場合の配り方を説明させてみた。

Aさん　○○○○○○○○○○

Bさん　…

Cさん

「まずAに10個まとめて配る」と説明し始めた。「10個」に気づけた理由を問うと，10×3＝30（20×3＝60，30×3＝90）と述べ，「10個，20個，30個ずつはきりがいいから分かりやすい」と結論付け，創造が一歩進んだ。つまり，発想の具現化を促す発問は，創造過程を経験する授業には欠かせないといえる。

ポイント3　発想の活用を促す発問

72個とかクッキーの数がきりがよくないときは，その配り方はできないんだよねぇ？

先の発想の活用を促し，創造を促進する発問である。「さっきと同じだよ。72個なら，とりあえず1人20個ずつ配って60個。72－60＝12［個］残るから，それは4×3＝12で4個ずつ配る。つまり24個ずつ配れる」と述べ，まさに，わり算の筆算が創造された瞬間であった。

```
  72
－60  …20個
  12
  12  …4個
  0   計24個
```

この方法が創造できたことに「おー」と感動し，次時に教科書を見たときに，「自分で筆算が創れたんだ」と改めて感動していた。

どんどん計算したくなる提示の工夫

青山尚司

1 子どもの発想で子どもが動く

　「□□－□＝4」と板書し，1年生の子たちに，「答えが4になる式を作ろう」と伝えると，「いっぱいある！」と子どもたちは元気にノートに書き始めた。しかし，すぐに図1の4つの式しかないことに気付き，「これしかないじゃん」と不満げである。そこで，「どうしたら式を増やすことができるかな？」と問うと，「答えを5にしたらいいかも」というアイデアが引き出された。「どうしてそうしたいと思ったの？」と問い返すと，「答えが4になる式は4つだから，答えを5にしたら5つできるかもしれない」と言う。

```
10 − 6 = 4
11 − 7 = 4
12 − 8 = 4
13 − 9 = 4
```
図1　答えが4になる式

　この子の発想をもとにして実際に試してみると，図2のように確かに5の式ができた。「ほー」と，この事実に面白さや不思議さを感じた子どもたちは「じゃあ，6にしたら式が6つ？」と動き出した。

```
10 − 5 = 5
11 − 6 = 5
12 − 7 = 5
13 − 8 = 5
14 − 9 = 5
```
図2　答えが5になる式

2 壁を越えてさらに進む

　6，7，8，9と，答えを変えながら式の数が答えの数と同じになることを確かめていった子どもたちは，答えを10にした場合も，11－1から19－9までの9つの式を見いだした。するとある子が，「あれ？　10だと式が

10個のはずなのに9個しかないよ」と不思議そうにしていた。別の子が，「10－0＝10があるじゃん！」と気付くと，「そっか，0も入れられるね」と，またみんなが動き出し，答えを11，12，13……と変えて試行錯誤していった。

```
10 − 0 = 10
11 − 1 = 10
12 − 2 = 10
13 − 3 = 10
14 − 4 = 10
15 − 5 = 10
16 − 6 = 10
17 − 7 = 10
18 − 8 = 10
19 − 9 = 10
```
図3　答えが10になる式

3 ただ計算をさせるよりも

　このように，和や差が一定のきまりを意識して，二量を調整しながら変化させていくことは，1年生でも十分に可能である。計算問題をたくさん出さなくても，子どもたちは式をどんどん作って，勝手に計算を楽しんでいた。

　なお，そのまま答えの数値を大きくしていった場合，答えが10から90まではすべて10個の式ができる。これは，1桁に制限されている減数は，0〜9の10個しかできないためである。また，91以上は式が1つずつ少なくなっていくのだが，これは被減数が2桁に制限されているため，最大の99に近づくほど引くことができる1桁の数が少なくなっていくためである。ここまでを視野に入れて上の学年で実施してみても面白い題材である。

柿の種は何ｇ？？？

宮崎市立江平小学校　桑原麻里

■1 問いを連続させる

　問題を解く過程で，子ども達自身が問題を広げていくことができたら……と常日頃から考えている。小問を教師から，どんどん出していく場合もあるとは思うが，子ども達が，「この場合はどうなるのかな？」と問いを連続させていくことができればと思う。この１学期にその種をまくことができれば，２学期からは自分たちで問いを広げたり，発展させたりすることができるのではないだろうか。

■2 「比とその利用」の実践

(1) 手立て①

　今回は，柿の種とピーナッツを扱った。
　大きな袋には180ｇ柿ピーが入っている。そして，その中には小分けの袋が６袋入っている。それをタブレットで見せて，「だったら，１つの袋には何ｇ入っているかな？」と話した。すぐに「180÷6＝30　だから，30ｇ」と答えることができた。小さい袋に30ｇと初めから伝えることもできる。あえてそうしなかったのは，小さい袋に柿の種とピーナッツが何ｇ入っているかという問題ではあるのだが，「だったら，大きな袋には何ｇ入っているのかな。」という問いが生まれるかもしれないと思ったからである。小さい１袋の重さを６倍する子もいるかもしれないが，中には，大きな袋も小さな袋も同じ比だということに気付く子もいるかもしれない。

(2) 手立て②

　現在の柿ピーの比率は，７：３なのだが，昔は６：４だった。子ども達に実物を見せて，「何対何だと思う？」と聞くと，様々な比を出してくる。自分が考えた比なら何ｇなのか，昔の比なら何ｇなのか……と。そして実物を見せて比を予想させたことも問いを発展させる手立てとなりうる。本来は重さの比なのだが，見た目で個数の比で考えている子もいる。個数比だと何対何だろうか……と考えることもできる。

(3) 手立て③

　柿の種とピーナッツは現在，７：３だが以前は６：４だった。その６：４を３：２と示し，昔と今は結局どちらが増えたの？と問う。３：２を６：４とできればすぐに分かることだが，$60 \times \frac{3}{5}$として実際の重さを出して比較してもよい。ここでは，昔と今も元が同じ重さなら比較できるけど，もし違ったら単純に比だけでは比較できないという話になった。

算数授業でのゲーム化批判に応える
～チョコレートパキパキ～

慶應義塾横浜初等部　前田健太

1　ゲーム化する意義

そもそもゲーム化する意義は何なのであろうか。

①ゲーム自体が楽しい

子どもたちはそもそもゲームが大好きである。「見掛け倒し」と言うと，マイナスに聞こえる。しかし，算数が苦手な子の気持ちを考えてほしい。算数が苦手な子に The 算数の題材をそのまま出すと，その子はどう感じるのか。ピーマンが苦手な子にピーマンをそのまま出しても食べない。だから，調理法を工夫して，食べてもらうだろう。ゲーム化はそれと同じなのだ。意欲を起こすというだけでも大きな意味がある。

②勝ち方（必勝法）を探りたくなる

多くのゲームは勝ち負けがつくため，どうやったら勝つのかを考えたくなる。先生がいつも勝っていたら，なぜ先生ばかり勝つのか知りたいものだ。大きな動機づけになる。そして，私は解決してもしなくてもそもそも必勝法を考えること自体に意味があると思いたい。

2　ゲーム「チョコレートパキパキ」

> ４×５のチョコレートがあります。二人で交互に溝に沿ってチョコレートを２つに割っていき，からしチョコ（右下）が含まれている方を相手に渡していきます。最後にからしチョコレートをもらったほうが負けです。

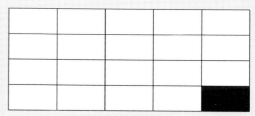

先生（先攻）対子ども（後攻）でやると，常に先生が勝ってしまう。ただ，何度か続ける中で，先生がいつも最後の直前に右のような正方形を子どもに渡していることに気づいた。だが，中々最後にその形で渡せない子ども。すると，「先生が先攻であることが怪しい」と指摘。しかし，先攻になっても負け続ける。そこで，もう一度先生を先攻にして，折る様子（下図の黒い太線）をよく観察してみる。

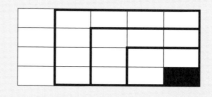

そうすると，「あ，先生は先攻でいつも正方形にしてぼくら（後攻）に渡している！」ということに気がついて子どもたちは大興奮。その後，本当にそのやり方で勝てるのかをやってみると，子どもたちの勝利！　最後は，「最初のチョコが正方形だったら後攻が勝てるじゃない？」「からしチョコの場所を変えたい」など問題を発展する姿も見られた。ルールを変えた発展が容易にできるのもゲームの良さだ。

「わー」ゲーム性がある（上学年）

目指せ　算数と気付かれない授業

昭和学院小学校　二宮大樹

1 「え，点数が減っちゃうよ！」

　ハイカット・ローカットというゲームがある。欲しい得点を1～11の数から選び，「せーの」で発表した時に，最大値を選んだ人がアウト（得点が1になる）というゲームである。つまり2番目に大きい数を選んだ人が一番高い点数を得られる。

　この遊びを分数のかけ算の学習で取り入れてみた。「選んだ数をどんどんかけていき，得点を増やそう」という趣旨を話す。1回戦は，1～11の中の数を決めさせる。慎重に考える子は5か6，思い切って9を選んだ子は，最大値になり，1となった。まずは，これが子どもたちの持ち点となる。2回戦は，最初に獲得した得点に$\frac{\square}{2}$をかける。□に入る数字は，ハイカット・ローカットで選んだ数字である。一番大きい数を選んだ子ども（最大で10）は，得点が5倍になる。「先生，点数が減っちゃうよ！」と訴える子は，アウトで1になってしまった子である。「得点が減ることなんてあるの？」と聞くと，「だって$\frac{1}{2}$をかけると，半分になっちゃう」と話す。初めは，「かけ算だから」と増えることしかイメージしていなかった子どもたちが，かけ算をして減ることに気づく。実際に計算して確かめさせると，確かに減っている。子どもたちは，ゲームの進行とルールを確認しているつもりだが，ここで算数を学んでいるのである。

2 「ルールを変えたい！」

　「次に入れる点数は$\frac{1}{\square}$です」と話すと，子どもたちは，「ルールを変えたい！」と話し出す。「アウトが一番得なんだもん」という反応を聞きかえすと，「分母の数が大きいほど，かけた時に積が小さくなる」ことを実例を挙げながら，話し出す。子どもたちが「ルールを変えたい」と話し出すことが，算数として学んでいる何よりの姿である。

3 「ゲームをしただけだったね」

　学習後，子どもたちは，「ゲームをしただけだったね」と満足そうに笑顔で話していた。私は，この姿こそが，ゲーム性を持たせる意味であると考える。子どもたちに，「ゲームをするよ」と話すと，間違いなく盛り上がる。しかし，算数の世界に無理やり方向転換させると，子どもたちは一気に冷めてしまう。「さっきまであれほど元気だったのに」という経験はないだろうか。つまり，ゲーム性を持たせるという手立ては，シームレス（子どもが気づかないよう）に算数の世界に移すことが肝要になる。授業が終わった時に，子どもに「今日はゲームをしただけだったね」と言わせれば，成功であると言える。

　このゲーム（ハイカット・ローカット）は，分数のわり算，小数のかけ・わり算，などさまざまな場面で応用可能である。本学級では，分数のわり算で学習した際には，初めから子どもたちが「ルールを考えたい」と話した。

表記をそろえるから単位をそろえるへ

田中英海

小数と分数を独立した別の数と思っている子どもは多い。上学年になって小数と分数の大小比較や混合計算を「小数か分数どちらかに〜」と表記をそろえることが形式になってしまう。そこで3年生の終わりに小数と分数を関連づけ，表記ではなく単位をそろえて比較，計算していることの理解をねらった。

1mを5等分した2つ分の長さと・・・①

0.5mの長さと・・・②

$\frac{3}{10}$mの長さを・・・③

合わせると何mになるでしょう。

（〇数字は，板書の写真の中の〇数字と対応）

「3つある」，「分数と小数がまざっている」など表記の違いに，どちらかにそろえれば計算できそう！　簡単！　と見通しをもった。

小数でそろえようとした子は，［1mを5等分した2つ分の長さ］を40cmとして40cm＝0.4mと発言した。説明を難しく感じた子に対して「図に表しても説明できる」と意見が出た。一度，全員が図に表現する時間をとった。

1mを5等分した図の子を指名し，①のようにテープの中に20，20・・・・・と記して20cmが2つ分を40cmという説明がされた。

②と③は10等分で表現され，40(cm)＋0.5(m)＋$\frac{3}{10}$(m)→0.4＋0.5＋0.3＝1.2(m)と結果を確認した。

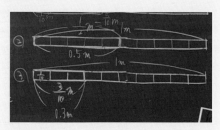

小数を踏まえ，分数は式が2つ出た。

・$\frac{4}{10}+\frac{5}{10}+\frac{3}{10}$　　・$\frac{2}{5}+0.5+\frac{3}{10}$

すると「10等分にした方が分かりやすい」と①の図の1mを10等分に分け（矢印の下）$\frac{2}{5}$m＝$\frac{4}{10}$mであることが説明された。「あ〜！」「そうそう」と発見と共感を生んだ。0.5mも$\frac{5}{10}$mであることを確認して，$\frac{1}{10}$mが12個で$\frac{12}{10}$mであることをまとめた。

大切な考え方を振り返らせると，「位をそろえる」「$\frac{1}{10}$にそろえる」という意見が出た。5年生で扱うと倍分や通分という処理が表に出すぎる。一方，既習事項の中に操作を伴うような表現で異分母の分数を入れ，量を意識させる図を議論の中心においた。3年生でも大きな抵抗感を感じず，表記ではなく1つ分の大きさ，単位をそろえていくつ分を計算する考え方をつかむことができた。

奥深さを感じる子は，授業の中で教材のみえ方が変化する。子どものみえ方のbefore➡afterを考えて，算数の深まりをどう作るかが教材づくりの鍵となる。

速さ比べの遊びから，日常にある速さを見直してみよう

世田谷区立多聞小学校　**木村知子**

1 「豆ひろい」から見えてくる速さ

子どもたちは速さ比べが好きだ。「豆ひろい」は豆を箸でつかんで皿から皿へ移す遊びだ。子どもたちに「豆ひろい」で遊ぼうと呼びかけ，豆15個を何秒で運べるかで競う方法と，1分間で豆を何個運べるかで競う方法の両方を体験させる。豆15個を運ぶ場合，かかった時間が少ない方が速い。1分間では，豆を多く運んだ方が速い。1番速いとはどういうことか子どもの言葉で整理していくと，速さが作業量（道のり）当たりの時間や，時間当たりの作業量（道のり）で表されていることが見えてくる。

2 日常にある速さを考える

「豆ひろい」で遊んだ後，日常にある速さ比べにはどんなものがあるか考える。子どもたちからは次のような速さ比べが出された。

（A）スポーツテストで取り組む50 m 走，競馬，水泳の25 m 泳，着替える速さ

（B）だるまさんがころんだ，20 m シャトルラン，時計の短針と長針，台風の風速

（C）持久走，100問テスト

実際は順不同で登場するため，短冊などに書いて，黒板で整理していくと分かりやすい。

（A）は作業量（道のり）を揃えているから，かかった時間の短い方が速い。子どもたちの身近にある短距離走などはこの比べ方である。着替えるのが速い子どもは，着替える服を作業量として捉えている。給食の時の片付けや学習の準備など，作業量がある程度決まっているなかで，素早く準備できることも，この比べ方での速さである。

（B）は時間を揃えているから，作業量（道のり）が多い方が速い。「だるまさんがころんだ」と鬼が言っている間に多く進んだ方が速いし，20 m シャトルランのドレミの音階がなる間に20 m を走り切れる人が速いと言える。面白いのは「だるまさんがころんだ」や20 m シャトルランのドレミの音階が聞こえている間が，決められた時間と考えられる点である。時計の短針と長針は，同じ1時間での針の動く道のり（角度）で考えると，長針は360°回転するが，短針は30°しか動かない。だから長針の方が速いと考えられる。台風の風速は，理科で学習している。

（C）は話し合っていくなかで，両方の比べ方ができると判明したものだ。持久走では，3分間にトラック何周をしたかで競う速さとトラック7周を走るのに何分かかったかで競う速さの両方があった。また100問テストでは，100問解くのにかかった時間と5分時点で何問解けているかで比べる2つの方法があった。

最後に「豆ひろい」の遊びを通して見えてきた，速さは作業量（道のり）当たりの時間や，時間当たりの作業量（道のり）で表すことができることを確認して授業を終えた。

試行錯誤する方法を共有していく

中田寿幸

かけ算を12の段や×12まで構成して，次は九九表に目を向けさせたい。そんな位置づけでの授業である。

かけ算を板書するところから授業を始めた。

$$3 \times 4 = 12$$
$$7 \times 5 = 35$$

T：ここまでに答えに1，2，3，5の数カードを使いました。残りの数カードはあと0，4，6，7，8，9です。答えに0，4，6，7，8，9を使うかけ算九九はないかなあ。

C：7×7＝49がいいんじゃない？

C：いいねえ。4と9が使えるね。

T：あと残りは0，6，7，8です。

C：答えが76になるかけ算九九はないからなあ……。

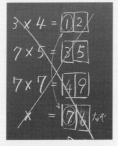

考えてきた過程は失敗しても消さずに大きく×をつけさせている。あとからどのように考えてきたのか振り返ることもできるし，途中までを再利用して，次の問題解決に向かうこともできる。

C：16ならあるよ。4×4＝16

T：できないときに，1つだけ変えてみるのはどう？

C：いいよね。でも1は（3×4＝12で）もう使っているよ。

C：（1と7を）とりかえたら72だから8×9だからいいんじゃない。

T：取り替えてみるのもいいよね。

うまくいかない場面を示し，そこをどのようにしたらうまくいきそうか。そこに，小さな修正を加えていく。すぐにあきらめずに修正して，正答に近づけていこうとする。この姿勢をほめて，認めていく。

この時間の後半には一人の子の考えを元に，どのように4つ目の式を作ろうとしているのか，その思考過程を明らかにしていく場面があった。

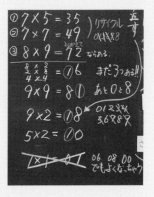

1つめと2つめの7×5＝35と7×7＝49はこれまでにも出てきたかけ算であり，それを「リサイクル」して使ったと言っている。「リサイクル」するよさを認め，板書に残した。3つめの8×9＝72は答えが27になる九九はすでに出ているので，十の位と一の位を「ひっくり返して」72にしてみたら，8×9に気が付いたという。「あと使える数字は0，1，6，8」であることを確かめたのちに，「もう1つはどんな式を考えたと思うか」を一人一人がノートに書く時間をとった。一人一人が試行錯誤してみる時間をとることで，式を作る過程を体験させていった。

わかることをあげてみる

盛山隆雄

1 難しい問題の見方

　問題の解決の仕方がわからないとき，何も手がつかない状態になってしまう子どもが多い。「う〜ん」と言いながら首をかしげている。でも，この状態は，問題解決の授業として悪いことではない。最初は解決の仕方がわからなくても，ある視点から考えた瞬間に見通しが立ち，見えなかったものが見えてくるといった経験が問題解決の力を高める。では，難しい問題には，どんな働きかけをすればよいのだろうか。その態度を教えることが問題解決の力を高めるのだ。

2 わかることをあげてみる

　5年生の面積の問題である。右図のような直角三角形が2つ重なった図形を見せた。そして，重なっているところの面積を問うた。しかし，どうすればよいかわからない子どもが多かった。そこで，次のように言った。

　「どう考えていいかわからない人が多いようだけれど，まずこの問題の条件からわかることを書き出してみよう。何でもいいよ」と話した。このような発想は，演繹的な思考の1つと言える。

　子どもたちからは，次の内容が発表された

①　2つの直角三角形の面積は等しい。

$6 × 4 ÷ 2 = 12$

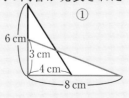

$8 × 3 ÷ 2 = 12$

②　アとイの三角形の面積は等しい。

直角三角形（縦）－ウ＝ア

直角三角形（横）－ウ＝イ

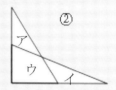

　①と②の発表の後，「補助線を引いてもいいですか？」と聞いてくる子どもがいた。どこに補助線を引くか問うと，次の場所に補助線を入れてくれた。このようにして三角形イと三角形ウが見えてきた。

③　アとイとウとエの三角形の面積が等しい。

　底辺の長さと高さが等しいので，アの面積＝イの面積，ウの面積＝エの面積となる。

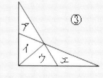

　②でアとエは等しいことがわかっているので，結局，アとイとウとエの面積は等しい。

3 振り返る

　わかることを振り返りながら，改めて2つの直角三角形が重なっている部分の面積を考えてみる。$12\,cm^2$の直角三角形の$\frac{1}{3}$がア，イ，ウ，エの各三角形の面積ということになる。

　具体的には，$12 ÷ 3 = 4$　$4\,cm^2$　ということは，重なっているイ＋ウの面積は，$4 × 2 = 8$，$8\,cm^2$

　困ったとき，こういった筋道で問題解決にいたることを，1つの考え方として子どもたちに身につけさせたい。

「そうか！」と既習の繋がりが想像できる教材設定

大野　桂

1 「10をつくるよさ」の感得

　「10をつくる」は，1年生が数の理解と計算の仕方を考える上で，極めて重要である。だから，主体的に「10をつくるよさ」を見出せる系統的な学びを構築する必要がある。

2 3口のたし算

① 計算を簡単にするために10を作る

> リンゴが3つのかごにのっています。3つめのかごにのっているリンゴがいくつだったら，あわせたリンゴの数が求めやすくなる？

　3つのかごのリンゴの合計を求める課題である。1つのかごだけ，リンゴの数は示さずに，「いくつだったら，リンゴを合わせた数が求めやすい？」と問うた。子どもたちは，「2がいい」と述べ，「8+2で10ができれば，後は10+5＝になって簡単」と，10をつくるよさを見出した。

② 「数を分けて10をつくる」を見出す

> 団子を，3回に分けて食べました。全部でいくつ食べたかが簡単に分かる式はどれ？

　短冊に書かれた式をみて，「10がつくれるからラッキー」と見出した。

　また，10をつくれない「8+5+7」も，最初は「アンラッキー」と言っていたが，「そうか！4回に分けて食べていいならダブルラッキーになる」と言い出し，「5を2と3にわけることで10がつくれる」という数を分ける方法を見出した。

3 繰り上がりのある足し算

　赤い画用紙の下に隠した式を少しずつ引き出しながら式の数値を見せた。

「8+」まで引き出したとき，「次が2だったらラッキー」と述べ，「8+7」が見えるところまで引き出すと，「次の数が2，3ならラッキー」「5ならダブルラッキー」と見出した。

　全て引き出すと，「8+7」の2口のたし算。普通なら繰り上がりに直面し立ち止まるはずだが，「10をつくる」が文化になっている上に，「数を分けて10をつくる」も見出してきた子どもたち。私がなんの発問をせずとも，「そうか！　8+7もラッキーにできる。10をつくるように数を分ければいい」と言いだし，難なく繰り上がりのあるたし算の計算を進めていた。

　このように，「そうか！」と既習の繋がりが想起できる教材設定が重要である。

既習の想起へとつながる「置き換える」

島根県益田市立高津小学校　小松原健吾

1 既習を想起するために

　算数は既習を手がかりに，新しいことを学んでいく。しかし，学年が上がれば上がるほど既習は増え，そこから問題解決に必要な既習を想起し，活用していかなければいけない。算数が苦手な子どもにとっては，これが難しい。どうしたら問題解決に必要な既習を想起し，活用することができるのか。

　文章問題を解く場合には，図に表すことを指導する。問題をイメージしたり，関係を整理したり，問われていることを理解したりしやすくなり，それが問題解決に必要な既習の想起と活用につながると考えるからである。

　しかし，既習の想起につながるのは図に表すことばかりではない。図に表すことは問題文を図に換えることであるが，例えば，問題文の中の小数や分数を簡単な整数に換えてみたり，問題文をそのまま言葉の式に換えてみたり，小数を分数に，百分率を小数にするなど表現方法を換えてみたりする方法も既習の想起と活用につながる。

2 知っている言葉に置き換えてみる

　4年生の「小数の倍」の学習は，図に表すことも難しく，勘に頼った立式になったりする子どもも多い。教師側も「○○『の』が基準量になる」と形式的な指導になってしまうこともある。そこで，今回は，問題文の中の難しい言葉を知っている言葉に置き換える方法を取り入れて学習を進めていった。

> えんぴつの長さ（10cm）は，消しゴムの長さ（4cm）の何倍ですか。

　表情を曇らせる子どもたち。そんな中，「『何倍』は『何こ分』って意味でしょ？」という声が聞かれる。自分の知っている言葉に置き換えようとする子どもが現れた。しかし難しいのは「消しゴム『の』何倍ですか」にある「の」の解釈。前に出て黒板の消しゴムや鉛筆を動かす子どもを中心に話し合いが続く。そして，「消しゴムを1こ分，2こ分と動かして鉛筆の長さを測るのだから，『の』というのは，『動かして』と同じ意味だ」，「『（消しゴムを）1こ分と考えて』という言葉を付け加えた方がいい」という意見が出た。最終的に，問題文は「えんぴつの長さは，消しゴムの長さを1こ分と考えて動かすと何こ分になりますか」と変わった。知っている言葉に置き換えられた問題文を見ながら，子どもたちは「これならできる」と動き出した。

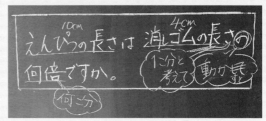

　問題に応じて自分に合う方法で，自分の知っている形に置き換えて考える。それが既習を想起し，活用することにつながると考えている。

あえてせまい世界を見せる

森本隆史

2年生でかけ算九九をすべて学んだ子どもと，逆さ九九を言う練習もしてみた。

$2 \times 9 = 18$ $2 \times 8 = 16$ $2 \times 7 = 14$ $\vdots$ $2 \times 3 = 6$ $2 \times 2 = 4$ $2 \times 1 = 2$	$3 \times 9 = 27$ $3 \times 8 = 24$ $3 \times 7 = 21$ $\vdots$ $3 \times 3 = 9$ $3 \times 2 = 6$ $3 \times 1 = 3$

2の段や3の段はわりとスムーズに言える子どもが多い。しかし，7の段や8の段くらいになると，逆さ九九を言うのに少しつまる。

$7 \times 9 = 63$ $7 \times 8 = 56$ $7 \times 7 = 49$ $\vdots$ $7 \times 3 = 21$ $7 \times 2 = 14$ $7 \times 1 = 7$	$8 \times 9 = 72$ $8 \times 8 = 64$ $8 \times 7 = 56$ $\vdots$ $8 \times 3 = 24$ $8 \times 2 = 16$ $8 \times 1 = 8$

9の段まで一通り言えるようになった子どもたちに，九九の答えの十の位をかくして，次のように言った。

> 「みなさんに見せているのは、九九のどこかの段を順番に並べたものです。一の位だけを見て、何の段が順番に並んでいるのかをあててください」

はじめは，何を言われているのかわからない子どもが，右のかくされている九九を見て「2の段だ」と言い始めた。全員が2の段だと言った後に，かくしているところを子どもたちに見せる。実は，これは8の段なのである。左にある8の段の表を見るとわかるが，8の段を逆さにして十の位をかくすと，2の段のように見える。「順番」とは言ったが「×1」から並んでいるとは言っていない。「×9」から順番に並んでいる。このように考えると，2の段と8の段はペアということになる。

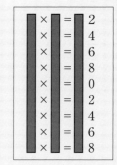

続いて，右のようなものを見せる。子どもたちに何の段かを尋ねると，2通りの答えが出てくる。3の段と7の段の可能性があるからだ。左の7の段の表を見るとそれがよくわかる。つまり，3の段と7の段がペアになっているということである。

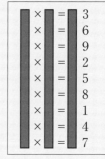

ここで「ペアになっているのは，この2組しかないよね」と，子どもたちに問う。すると「いや，1の段と9の段もペアだし，4の段と6の段もペアだ」と，子どもたちが発展させていく。

はじめからすべてを子どもたちに見せるのではなく，あえてせまい世界を見せることで，子どもたちが「だったら」と発展させていくことができる。

教科書の内容から「だったら」を生み出す

長崎国際大学　浦郷　淳

「だったら」はどんな授業でも生まれる。本稿では，5年生「速さ」，教科書の数値や状況を用いて行った導入場面からその姿を探る。

1 情報を制限する

導入では，教科書にある『キリン』『カンガルー』『ダチョウ』の写真を見せ，「どの動物が走るのが速いのか」を問うた。子どもは根拠なく予想で答える。「カンガルー」が一番多かったため，カンガルーの情報（200 m・10秒）のみを提示した。この時点で子どもたちの反応は他人事である。

そこで，比較対象を置くために，「みんなはカンガルーより速く走れるかな？」と問うと，反応は2つに分かれた。一方は感覚的に「無理」という子ども。もう一方は，自分の50 m走の記録を基に考える子どもである。後者の子に理由を尋ねると，「50 mが9秒だったら，4倍すると36秒になるから」。さらに他の子が補足し，「200 mにそろえて比べた」という説明を行った。「そろえる」という見方・考え方が出た場面であった。

すると，どの子も「自分だったら」と自分の記録で考え始める。さらに，50 mで揃えようと，4で割る子も見え始める。まさに，「『そろえる』の『だったら』割っても良いのでは？」の姿である。このようにして，ほんの10分程度の間に子どもは考えを深めていった。単に動物の速さを提示するだけでは出てこなかった考えが，情報を制限し，見せ方を工夫したことで「だったら」が生まれたといえる。

2 既習とつなぐ

次に，キリンの情報（160 m・10秒）を提示すると，「カンガルーと比べるのは簡単」と子どもは言う。理由を問うと，「時間がそろっているから，長く走れる方が速い」と説明する。続けて，ダチョウの情報（160 m・7秒）を提示すると「ダチョウとキリンだとダチョウが速い」意見がすぐに出され，「道のりがそろっている」という説明が見られた。

このような中，ある子が「単位量あたりの大きさでも使った，1あたりで考えられるよ」といった説明を前に出て行った。既習とつなぐ発言であった。そこから，単位量あたりの大きさの考えも用い，直接比較できない，カンガルーとダチョウの比較を自分が使える方法を選び，問題解決を行った。「習った事が使えそう。『だったら』こんな方法で解ける」という既習とつながった瞬間であった。

3 全てを見せない

最後に，「ゾウ」の写真を提示した。子どもは「早く道のりと時間を教えて欲しい」と言う。しかし，「教科書に載っているから見てね」と伝えて授業を終えると，どの子もすぐに教科書を開いていた。全てを見せなかっただけで，興味と学びがつながり，本時の学びを使おうとする子どもの姿につながった。

どんな教材でも，子どもの学びがつながる「だったら」を生み出す工夫を行いたい。

割る回数は違っても，個数と一緒に考えると 見えてくるきまり発見！

お茶の水女子大学附属小学校　岡田紘子

1 チョコレートをバラバラにするには

　2，3年生の算数の授業で，「チョコレートを何回割ればバラバラになるかな？」という問題をよく行う。

　例えば，下のような縦2個，横3個のチョコレートを印刷した紙を，全員に配布する。

　このチョコレートを重ねたり並べたりせずに，バラバラになるまで割る時，何回割ると全部がバラバラになるか，授業では紙なので何回切ればチョコレートが6個に分かれるかを考える。

　まず全員でハサミで切って確かめてみる。すると，切る順番はそれぞれ違うのに，切った回数はどの子どもも5回になる。

2 きまりが見えた！

　授業では，「6個のチョコレートをバラバラにするには，5回割ればバラバラになった」と板書した。すると，「チョコレートの数が違ったらどうなるのかな」とつぶやきが聞こえた。

　そこで，チョコレートの数を自分で変えて，調べる時間をとった。それぞれ個数を変えてチョコレートを作り，丁寧に切って，バラバラになった回数をノートにメモしていった。何種類かのチョコレートを調べていくうちに，「あっ，わかった！」「きまり見つけた！」と

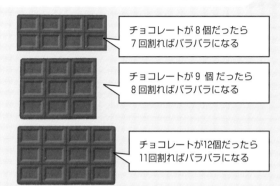

チョコレートが8個だったら
7回割ればバラバラになる

チョコレートが9個だったら
8回割ればバラバラになる

チョコレートが12個だったら
11回割ればバラバラになる

言う声が聞こえてきた。

　チョコレートの個数と割った回数の関係に着目すると，きまりが見えてきた。子どもたちが発見したきまりは「（チョコレートの個数−1）回割ればすべてのチョコレートがバラバラになる」ということだった。

　1時間の授業では様々な個数の場合を調べてきまりを見つけるところまでで終わったが，家に帰ってからも「なぜそのきまりがなりたつのか」と理由を考えたり，「チョコレートが100個だったら……」とチョコレートの数を変えて考えたりした子がいた。次の時間の授業では，演繹的に考えたり，発展的に考えたりした姿を価値づけていった。そうすることで，他の問題でも同じように問題を解いて終わりとするのではなく，自分で続きを考えようとする子どもの姿が増えていくと考える。そして，新たな問題に出会った時，子どもたちは，「何かきまりはないかな」とワクワクと問題に対峙するだろう。こうした「発見」と「感動」が自ら思考し続ける原動力となっていくのである。

「あっ」見えなかったものがみえる（上学年）

もともとないものを加えることで（6年「円の面積」）

青山尚司

1 子どもの困り感

1つの正方形に内接する円と外接する円を板書（図1）し，2つの円の面積の比を問うた。子どもたちは，内側の

図1

小さい円の直径が正方形の1辺で，外側の大きい正方形の直径が正方形の対角線であることに着目し，それらを半分の半径にすることで，円の求積公式を使って面積を求めようとした。しかし，小さい円は黒板のマス目を数えて，半径が4マス分であることが分かるのだが，正方形の対角線の長さを求めることができないため，大きい円の半径にたどり着くことができない。ほとんどの子が外側の円の半径を見いだすことができずに困っていた。

2 もともとないものをかき足す

本実践はタブレット端末を用いて行った。困った子どもたちが，友達が何をしているのかを見てみたいというので，全員の画面をスクリーンに示すと，あちこちから「あっ」という声が聞こえた。その子たちが注目していたのは，ある子どもの画面（図2）である。この子は，大きい円の外側にさらに外接する正方形をかいていた。どちらの円も正方形に内接していることになるので，2つの円の面積の比は，2つの正方形の面積の比に置き換えることが

図2

できるのである。

また，「これもすごい！」という声も聞こえた。この子は，円の中心を頂点の1つとした外接正方形の $\frac{1}{4}$

図3

にあたる正方形をそれぞれかいていた（図3）。これを見た子達から，「後で同じ3.14をかけるんだから，「半径×半径」の部分だけで比べればいい」という発言が引き出され，小さい円の「半径×半径」が，4×4＝16にあたり，大きい円の「半径×半径」は，「対角線×対角線÷2」と同じであり，8×8÷2＝32にあたることを確認した。そして，それぞれの「半径×半径」の比が，1：2であることから，それらに3.14をかけた円の面積の比も，1：2であるという説明がなされたのである。

3 生まれる発展的な問い

するとある子が，「だったら三角形でもできるのかな？」とつぶやいた。そこで，正三角形に内接する円と

図4

外接する円（図4）を板書して配信し，面積の比を求めることを適用問題とした。

詳細は紙面の都合で省略するが，子どもたちは正方形の場合と同様に，もともとない図形を加えて解決していった。仲間の発想を共有し，そのよさを実感した学びであった。

子どものために，どう使う?

広島県三次市立みらさか小学校　瀬尾駿介

1 はじめに

　一人一台端末（以下，端末）を授業で使い始めて3年が過ぎた。本稿では具体的な授業を基に，授業のそれぞれの場面における端末の使い方と効果について改めて考えてみたい。

2 授業　6年「文字と式」

(1) 問題提示での活用

　授業の導入場面，端末で下のような図と式を提示した。

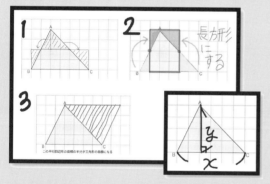

　1～3の図は，以前の授業で子どもたちが考えた三角形の面積の求め方である。自分たちが描いた図を扱ったことで，どの子も問題場面をすぐに理解することができていた。

　その上で，次のような問題を伝えた。

> 1～3の面積の求め方を式で表現すると，それぞれどの式になるでしょう。

　最初，多くの子どもたちは困った様子だった。「何に困っているのか」を尋ねてみると，「3つの式の中にある『÷2』や（　）の位置が違う意味が分からない」と言う。

　そこで，まずは「÷2」や（　）の意味を確認することになった。（※板書内，矢印部分）

　「÷2は，半分にするっていう意味だ」

　「（　）はまとまりを表すんだったね」

　一つ一つの意味を全体で確認していく中で，子どもたちは $(x \div 2)$ が「底辺を半分にし

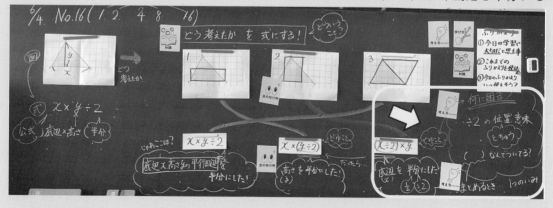

ている」という意味であることに気が付いた。

「あ！　だったら，$(x÷2)×y$ は，底辺を半分にしているんだから2番だ！」

「だったら他の式も分かる！」

視点を獲得した子どもたちは次々と動き出し，それぞれが問題解決を始めた。

(2) 意見交流時は敢えて活用しないことも

問題解決後はそれぞれの考えを交流したが，ここでは端末を使わなかった。端末を用いて全員の考え方を同時に共有した場合，子どもたちは「誰の」「どの考えの」「どの部分に」着目するのかが，バラバラになってしまうことがある。子どもたちの着目するポイントを焦点化させ，議論を深めるためにも，本時は板書上の図を用いて，意見交流を行った。

板書を用いての意見交流では，子どもたちは，式のどの部分に注目して考えたのかを共有し，考えることができていた。

(3) 振り返りでの活用

私にとって，端末が導入されて一番大きく変わったのが，この授業終末の振り返りだ。振り返りでは，「今日自分が一番大切だと思ったこと」をノートにまとめ，写真に撮って端末上で交流することにしている。本時も，下の写真のような振り返りが，端末上に次々と提出されていった。

振り返りが提出されると，教師は提出した子どもに話しかけ，一人一人と対話をして，

その振り返りの良さを価値づけていった。

例えば，この振り返り（右写真）を提出した子どもと対話した際は，

T「図の意味が分かると式の意味も分かるのか。いい気付きだね。図が式よりも先なの？」

C「はい。私は図が先ですね。図が分かって，その後が，式」

T「なるほどね。じゃあ式が分からない時は図にしてみるといいのかもね」

C「そうですね！」

という具合だ。

文章を書くのが苦手な子どもとも，その場で対話することで，その振り返りの意図を教師がより明確に捉えることができる。その子の目の付け所や考え方の「良さ」を認め，「あなたのここが，すごいところだよ」と伝えていくことを大切にしたい。

また，この振り返りを続けていると，自分と教師の対話だけでなく，友達と先生との対話を聞くことが，「勉強になる」と言う子や，端末を用いて，お互いの振り返りを読んだり参考にしたりする子が次第に増えていった。振り返りの時間が自分の学びを解釈するだけではなく，友達の振り返りの内容や目のつけどころについて学び合う時間へと少しずつ変化していったことはとても嬉しいことだった。

3年間，子どもと共に端末の有効な使い方を考えてきたが，まだまだ研究不足だ。今後も，子どもにとってよりよい学びを創るための端末の活用について考えていきたい。

おもしろ問題

「カレンダーマジック」

湘南白百合学園小学校　**光永和正**

1 問題

① カレンダーを準備し，子どもに縦横，3つずつの日が入るように四角形で囲ませる。

	1	2	3	4	5	6
7	8	9	10	11	12	13
14	15	16	17	18	19	20
21	22	23	24	25	26	27
28	29	30				

② 先生は「今ちょっとメモしたいことがある」と言って，子どもたちに見えないようにカードにあることをメモする。

③ 四角形で囲った9つの日から，子どもたち一人ひとりに好きな日を選ばせ，丸をつける。その数字の縦と横の列の数字を線で消す。残った日を選ばせ，丸をつける。同じように縦と横の列の数字を線で消す。最後に残った日に丸をつけさせる。

④ 丸をつけた3つの日の数字の合計を計算する。ここで異なる日を選んでいるのに，答え（4＋10＋16＝30）が同じになる

②	③	④
⑨	⑩	⑪
⑯	⑰	⑱

ので，「えっ，何で？」という疑問が起きる。ここで子どもたちに，さっき先生は『ちょっとメモするね。』と言ったでしょう。いつ言ったかな。」と聞く。①の活動の後だったことを確認し，メモしたカードを見せる。実はメモしたカードには30と書いてある。これを知った瞬間，子どもたちに「えっ，何で？」という問いが発生し，3つの丸をつけた数字に着目し，丸をつけるルールと，数字の並び方から理由を考え，真ん中の数字の3倍になることを発見する。（10×3＝30）

「答えを求める方法はいくつかあるよ！」

東京都立川市立西砂小学校　**小泉　友**

1 問題

第5学年「小数のかけ算・わり算」で出題したい問題である。

> 1.6mで80円のリボンがあります。このリボン2.4mの代金はどうやって求めることができるでしょうか？

1.6m，80円，4.2mという3つの数値が与えられている問題場面。どの数字をどのように計算すれば答えを求めることができるのか？ということについてよく問題場面を整理しないと答えの求め方は分からない。「何が分かっているのか？」「何を聞かれているのか？」「求めるためにはどのような考え方があるのか？」ということを多様に考える姿を引き出したい。

2 解答・解説

解決はいくつか考えることができる。

① 1mあたりの代金を単位とする。

$80 \div 1.6 = 50$, $50 \times 2.4 = 120$

② 0.4mあたりの代金を単位とする。

$80 \div 4 = 20$, $20 \times 6 = 120$

③ 0.2mあたりの代金を単位とする。

$80 \div 8 = 10$, $10 \times 12 = 120$

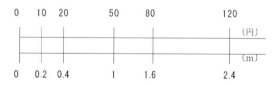

何を単位とするかによって，子どもたちの数感覚が現れる。それぞれの考えのよさについて交流していくと面白い。

見て、見て！ My 板書

なぜ，1年間で1番楽しい算数が，倍の授業一択なのか

岩手県盛岡市立緑が丘小学校
沼川卓也

1 1年間で1番楽しかった算数は？

「やっぱり楽しかったのは，倍の授業一択！」

本実践は，単元末の学習として，簡単な割合が位置付けられている4時間扱いの単元である。第1時は，割合の三用法のうち第一用法（倍を求める），第2時は，第二用法（比較量を求める），第3時は，第三用法（基準量を求める），第4時が割合を用いた比較の学習だ。

第2時，冒頭AとBの二つの数量をテープ図で提示する。（板書左）何倍になるか予想を促し，問題を提示した。（板書中央）

子1は「簡単だよ！」と言い，冒頭のテープ図と式を関連付けながら，比較量である20週間を導いた。また，前時の割合の表し方を言葉と動作で振り返った。ここで，冒頭の二つの数量のテープ図を提示した際に，子1がつぶやいた「そもそもAとBって何？」という言葉をもとに，Aは本学級が4月から

4年生として過ごした時間，Bは，8・9月に教育実習生2人と過ごした時間であることを伝えた。子供は口々に「Aが少なすぎる！」と反応する。ここで「4倍もあるから多いんじゃないの？」と揺さぶった。「さっきはAを1とみてたけど，その逆！」「Bを1とみると，Aは$\frac{1}{4}$にしかあたらないから，やっぱり少なすぎる！」，Bを基準量として捉え直し，感覚と表現のズレを修正していった。その上で，「現実では無理だけど，もしも変えられるなら，どこを変えたい？」と問うた。すると，子2〜子5のように「Aを伸ばす！20週にする！せめて半分にしたい！」「そもそも4月から担任3人体制がよかった」等々，数学的に時間の関係を捉える様子があった。（板書右）

2 倍の授業一択の真相

実は，この授業は，教育実習最終日に実践したものだ。本学級配属の2人の実習生が見守る中での最後の授業。本時の前時は，教育実習の2人のうちの1人が最後の授業として実施した。なぜ，1年間で1番楽しかった算数が，倍の授業一択であったのか。教師と子供が算数でつながる，そして心でつながる20週間があったからだと考える。

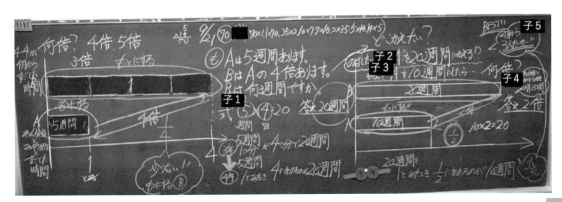

若手教師奮闘記

算数の授業づくりに「問い」を持つ

北谷町立北谷小学校　新川元樹

❀

1 はじめに

先日，算数スプリングフェスティバルに参加した。振り返ってみると，私が初めて筑波大学附属小の公開研に参加したのは，大学4年の頃であった。あの頃は，授業研究会で話されている内容が理解できなかったのだが，今では授業者の意図が概ね理解でき，「自分だったら……」と考えられるようになっていた。

教員になって9年目。これまでの教員生活は，算数の授業づくりを楽しみ，そして悩みながら進んでいたように思う。

2 「導入は盛り上がるけれど……」

1〜3年目の頃，私が大切にしていたのは「児童の『問い』を生かして授業をつくること」であった。そのため，児童が興味を持ち，「問い」が生まれそうな題材を書籍などから探すことに熱中していた。

実際の授業では，導入での児童の反応は良かった。しかし，問題を解く場面に入ると，児童の手が止まってしまう。「なぜあれほど盛り上がっていたのに……」焦りと苛立ちから，一方的に授業を進めてしまっていた。

その時の私に足りなかったのは「児童の実態を把握する」ということであった。一人一人の児童が既習事項をどのくらい理解できていて，単元のどこでつまずきそうなのか。そ

れらを把握できないまま題材を選び，授業に臨んでしまっていたのだ。いわゆる「自己満足な授業」だったのだと反省である。

3 「学力差，どうすればいい？」

少しずつ児童の実態が把握できるようになってくると，「学力差」という新たな悩みにぶつかった。1時間の授業の中で，できる子にとっては物足りず，できない子にとっては追いつけず終わらないという状況が見受けられた。そこで，児童が授業の進度や学び方を自分で決められる自由進度学習について研究することとした。

実践した結果，多くの児童が自分で学び方を選択し，個別で学びを進めたり，友達に直接考えを聞きに行ったりと，自分の力で問題を解決しようと取り組むようになった。なによりも，算数が苦手な児童から「自分のペースで進められるし，分からない時に友達に聞きやすくなって良かった」という感想を聞けたことが，研究の大きな成果だと感じている。

4 おわりに

私が所属している中頭算数授業研究会の長間清人前会長から，次のようなことを言われたことがある。「教材研究をする際には，子どもの声を想像することが大切。一人一人がどのように感じ，どのような言葉を発するのか想像しなさい」教材にばかり没頭すると，目の前の児童を置き去りにしてしまう。そんな私の様子を見通しての言葉だったように思う。沖縄の児童が「算数好き」になれるよう，私自身が算数に対して「問い」を持ち，学び続けていきたい。

「割合」をイメージできるものに――「時計」での導入（4年倍の見方）

仙台市立八幡小学校 **中村 佑**

1 「簡単な割合」が導入された意図を考える

現在の学習指導要領になり，4年で「簡単な場合についての割合」C（が扱われることになった。ただ，2，3年でも，「A 数と計算」の領域において，「基にする量の何倍」という割合の見方の基礎を指導している。では，4年で「簡単な場合についての割合」を学習する意図は何だろう。東京書籍「新しい算数4上」では，「もとにする大きさを1とみたとき，くらべられる大きさがどれだけにあたるかを表した数を，割合といいます。」という説明が書かれている。その説明から，「○を1とみること」と「△は□にあたる」という割合の見方を身に付けさせる意図があると考えた。

また，その見方を言葉だけではなく，イメージを持って身に付けさせることが大切であると考えた。割合を表す図として，教科書ではテープ図や線分図などがある。しかし，子どもたちが実際に割合を求めるために操作しようとするものを考えたときに思い浮かんだのが「時計」であった。「時計」の60はたくさんの約数を持つため，様々な割合を考えることができる。そして，それを表すときれいな図になる。その図を完成させた後で，「○分を1とみたとき，△分は□にあたる」という割合の見方を確認することができれば，見方を習熟することにもなると考えた。

2 授業の実際

「60分は何倍ですか？」と問題を黒板に書いた。すると，子どもたちから「『何の』ですか？」と尋ねられた。何倍か（比較量）を考える際には，「何の」（基準量）が必要であることを確認した。その後，「『何の』が何分だと簡単そう？」と尋ねると，「30分」と答えた子がいたので，「60分は30分の何倍ですか？」と問題を修正した。「2倍」と答えた子がいたので，「時計の図」で「60分は

30分の2倍」であることを表す活動を行った。また，「60÷30＝2」と計算で求めた子もいたので，その式の意味を考え，図と計算を関連付けた。その後，「30分以外で60分は何の何倍かを探してみよう」と話した。「15分の4倍」「20分の3倍【ベンツのマークと命名】」「1分の60倍」「5分の12倍」「10分の6倍【雪の結晶】」「60分の1倍」「5分の12倍【ホイール】」「4分の15倍」「6分の10倍」を見つけることができた。最後に，「60分は30分の2倍」は「30分を1とみたとき，60分は2にあたる」という割合の見方ができることを伝え，他の場合も表した。

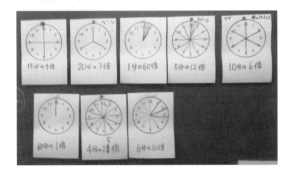

3 「時計」は「割合の図」としてふさわしいか？

数「時計」を用いることで，「1」にあたる時間（基準量）を考え，分割していくことで何倍（割合）かを見出していくことができる。そのイメージをもたせることができて良かったと考える。また，目盛りは異なるが百分率の円グラフと似ているため，「割合の図」としてイメージさせることにもつながる。しかし，「時計」は割合の他の場面では用いることが難しい。そういった「時計」のメリット・デメリットを考えた上で，どう生かしていくと良いのかを考えていきたい。

【参考文献】田中博史著（2021）．子どもの「困り方」に寄り添う算数授業，文渓堂．

暇にさせない・置いていかない

～一人一人が充実した時間をすごすための自由進度学習～

金沢大学附属小学校　岡本光司

1 苦手は置いてけぼり，得意な子は暇

　本校複式学級は，３年生７名，４年生11名の18人学級である。本学級の算数科は昨年度まで，教室の前後の黒板を使い，３年生に教師が授業をする時間は４年生が演習問題を行う「わたり授業」を行ってきた（下写真）。

　1学年にかける教師の指導の時間が制限され，「苦手な子は置いてけぼり，得意な子は暇」という状況が生まれていた。この状況は，わたり授業だけでなく，同質均一的に学習機会を提供する全体授業形式が構造的に抱える問題でもある。

2 自分で学び方を決める

　一人ひとりの学習時間を充実させるために，全員が同じ内容を同じ進度で学習するのではなく，個別に内容，進度，学習形式を子ども自身が選択する「自由進度学習」を導入し，具体的に右上図の手順で進め方を説明した。

　一学期は，①②③を単元のはじめに各学年で時間をかけて，子ども一人一人と話しながら計画を一緒に立てた。計画後，単元の学習が始まると，一人で黙々と問題を解く子，内

> ①単元の大まかな内容をざっと見る
> ②モデル進度（指導書を参考に）提示
> ③個別に進度を調整し単元学習計画をたてる
> ④教師チェック問題（教師丸付けする問題）の共有
> ⑤以下の項目を必要に応じて自由に選択する
> 　【内容】教科書・ＡＩドリル・プリント
> 　【量】　全問・奇数問題だけ・おかわり
> 　【形式】個別・ペア・グループ・教師質問
> ⑥授業の最後にノートに学びをまとめる
> ⑦学び方が良かったか（有効か）をふり返る

容をペアで確かめながら進める子，分からない内容を教師に質問に来る子，黒板を使って考える子など，同じ教室内に様々な学習形式の子どもがいる状態となった（下写真の2枚）。

3 それぞれの充実した学習へ

　自由進度学習の導入によって，子どもたちが内容・進度・学習形式について決定権を持った。同じ授業内でも，習熟度や進度によっ

て，一人ひとりが違った学びを展開していくようになっていった。

【苦手な子の学び合いを繋ぐ】

4年生A児が「1km²をm²で表す計算が理解できない」と教師に質問に来たため，個別に解説をした。そういった場面では，「今，Aさんは分からないところを見つけて，分かるようになるために自分から行動ができて素晴らしいね」と全体に向けて価値付けを繰り返してきた。すると，同じ問題を別のB児が質問に来る。そこで，教師が教えるのではなく，「さっきAさんがその問題ばっちり理解していたから，聞いておいで」とペア学習を促す。教師はその様子を遠くで見守る。B児が理解したタイミングで学び合いについて価値づけることで，さらに各所で教え合う子どもが増えていった。

【得意な子を暇にさせない】

3年生C児は，学習の理解度が高く，発言も意欲的だが，前年度までの学習について「算数は好きだけど，待ち時間が多くて授業は退屈だった」と話していた。自由進度学習では，教科書の内容と習熟プリントの課題終了後は，①AIドリルをする　②オリジナル問題　③算数自由研究　④チャレンジ難問　⑤友達に教えにいく（聞かれたら必ず教える）の5つから選択し学習を続ける。C児は，「人に頼られるのも嬉しいし，自分でじっくり難しい問題にチャレンジできて，楽しくて忙しい」と学習についてふり返っていた。

4　自分の姿をふりかえり，次にいかす

自由進度学習での学びを子ども主体でよりよく進めるため，スズキ教育ソフト「エデュ

キューブ」による継続的なふりかえりを行った。学習に取り組む姿を具体で示し，ルーブリック評価をする。継続的に自己評価し続けることで，自己変容がグラフで可視化され，「最近ずっと一人で問題を解いていたから，明日は友達に話して理解できてるか確認したい」など，学びを自己調整する姿を促すことができた。

5　全員が満足できる授業の形とは

自由進度学習の導入によって，今年度本学級児童の学習理解に関する自己評価は，17人中16人が，「前より分かるようになった」と回答した。また，どんな力が身についたかという自己評価では，4項目で以下のような回答結果となった（以下グラフ資料）。

一方，「来年度どんな授業をしたいか」という問いは以下のように多様なニーズが見られ

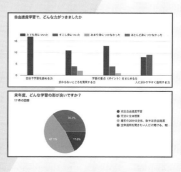

た。「初めは先生の授業でしっかり理解して，『自分で出来る』と思ったら自由進度に変えたい」という意見があった。

今後，自由進度学習の普及に伴い，全体指導と自由進度学習を学級の実態に応じて組み合わせて授業をデザインする能力が教師に求められるだろう。その際の判断基準や導入手順を充実させて体系化していきたい。

退職記念特集
夏坂哲志の32年

算数教育界からのメッセージ

夏坂哲志先生

筑波大学附属小学校での32年間。本当にお疲れ様でした。
筑波だけでなく、仙台や松江などでも授業を見せて頂き、
子供との関わり、板書などたくさんのことを学ばさせて頂きました。ここで一区切り。
さらにパワーアップした先生から続けて学んでいきます。

　　　　　国立教育政策研究所 教育課程調査官　笠井健一

子どもと算数を楽しみ 哲学する授業者であり、
よい授業を探し求める 志の授業者であると
お見受けしていました。「夏坂色」に染まる教室が
印象的でいつの間にか巻き込まれる不思議。
日本数学教育学会では理事を務めていただき
算数教育研究の発展に寄与していただき有難うございます。

　　　　　　　　　　　　　　　　東洋大学 清水美憲

夏坂哲志 先生

　長きにわたるお勤め大変おつかれ様でした。
　授業を間近で観せて頂いたり、原稿を書く機会を頂いたりと色々とお世話になりました。
　算数教育の発展のために、引き続き、お力添えの程
よろしくお願い申し上げます。

　　　　　　　　　　　福岡教育大学 清水紀宏

「どうなの?」「そうなの?」と授業で徹底的に子どもの思考
に寄りそう夏坂先生。子どもたちを見つめる眼差しや言動
全てが、いつも優しさであふれていて、私も夏坂先生のよう
にありたいと授業を見せていただくたびに思いました。
4月からは授業者から少し距離をおかれるとのこと。寂しく
なりますが、新天地でもご活躍されることをお祈り
しております。

　　　　　　　　　　　　　　　　中川弘子

夏坂哲志先生
　長年の筑波大学附属小学校でのご勤務大変お疲れ様
でした。私が初めて筑波の初等教育研究会に参加させてい
ただいた時、副議長をお見かけしたことが先生との初めての出会い
でした。それから二十有余年、先生の授業から様々なことを学び
授業のまねをしたり 時には先生の表情すらまねようとしたり
もしました。(かくなら、全く先生のような授業はできません
でしたが・・・)
　私の教育生活はまもなく終わります。それまでの間、またまた
先生の「まね」をさせていただきます。ご承ください。すば
今後とも迎える老年をお救いいただければ幸いです。
夏坂先生のこれからのご活躍を心より願っております。

　　　　　　香春町立香春思永館 十名芳朗 拝

夏坂先生の授業は、子どもの考えをじっくりと聞き、子どもと
同じ目線で一緒に考えていくものでした。その姿勢は、
私達教員に対しても同じで、私は、いつも安心してお話し
させていただくことができました。きっと子どもたちも同じ
気もちだったに違いありません。そのような夏坂先生の授
業が他の算数の教員も大好きでした。
　夏坂先生が私学に来てくださることは、とても嬉しいことです。
これから同じ私学人としてよろしくお願いいたします。永田美奈子

人間性と授業の豊かさ

盛山隆雄

　二十代の時に，全国算数授業研究会の広島大会に幹事として参加した。大会後は，理事や他の幹事の先生方と懇親会に移動するマイクロバスに同乗。出発するまでの間，緊張して待っていた。そのとき，算数部の先輩の田中博史先生が「では，夏坂がマジックを披露します」と無茶ぶりをした。突然振られたのに，普段物静かな夏坂先生が「それでは」と言って立ち上がり，ハンカチを取り出して種が見え見えのマジックをしはじめた。一瞬でバスの中は爆笑に包まれ，雰囲気が一変した。なかなかできることではない，と感心した。

　それから筑波小に赴任し，19年ご一緒したが，夏坂先生のこの人間性の豊かさは本物だった。物静かに思考する姿が印象に残るが，情が深く，大人も子供も分け隔てなく，人の心を大切にした。東日本大震災の際は，青森出身の夏坂先生は，特に心を痛めていた。岩手の仲間の先生のところに余っていた教師用の三角定規等を送り，しばらくしたら自分のクラスの子どもたちを連れて被災した小学校を訪問された。東日本大震災を主題に発表された創作劇は，本校児童や教員の胸を打った。

　だから——，先生の算数の授業は，豊かだ。数学に裏打ちされた教材研究力があるから，子どもに寄り添い，待つことができた。授業の中盤から，自然に子どもが問いをもって動き出し，授業を先導していく。そんな授業を何度も見てきた。算数部としての生き方を示してくださったことに心から感謝をしている。

秋冬の温泉宿 夏坂先生と4人でお酒を酌み交わしました。算数教育について熱く語り合ううちに勉強会を作るこの必要性も話しました。その飲み会が当地方での算数授業勉強会発足のきっかけとなりました。以来15年間ずっと，夏坂先生は，丁寧に温かく絶えることなく支え続けてくださいました。講演だけでなく，師範授業を何度もしてくださいました。夏坂先生の存在がなかったら勉強会が150回目を迎えることはできなかったはずです。夏坂先生と私が出会う機会を与えてくださった神様に感謝しております。夏坂先生　現役の疲れをとるために，温泉に入りにお越しください。メンバーでお待ちしております。　田向市龍神村　古沢保 功

夏坂哲志先生は，算数授業の入口をつくってくださった方です。わくわくする 失敗を生かす 仲間とつくる 発想をたのしむ　20年前に初めて拝見した授業に心を動かされました。16年前の内地留学では，算数以外に学ぶことの大切さを示唆してくださいました。また会いに、いつも八戸のことを気にかけてくださり，ありがとうございますこれからも夏坂先生と関わっていけたらと思います。八戸市立多賀小学校お体を大切に、今後もご活躍ください。　阿保祐一

For your inspiration and support of our efforts to improve mathematics teaching in Denmark, 本当にありがとうございました。Jacob Bahn

子どもたちにも．書かれる文章にも真摯に向き合って来られた夏坂先生．これからも、その教育観を一緒に世に残していきましょう!!東洋館出版社 石川 順樹

算数教育の発展に大いに貢献しその貢績は高く評価されるでしょう。第2の人生の門出に際し自らの健康に心がけ趣味を生かし、生きる喜びを味わってください。　滝 富夫

ご卒業おめでとうございます。新しい世界への再出発ですね。言いたいことはありますが、また今度にします。　正木孝昌

優しさの中に厳しさも持ち合わせている根っからの算数授業人

中田寿幸

夏坂先生との出会いは平成6年。夏坂先生が筑波大学附属小学校に着任して3年目の夏。私は講堂で「私の教材研究」という話を30分させていただいた。たくさんの先生方から厳しいご意見をいただく中、「前年のアンケートに面白いことを書いていたので発表させたんだよ」と夏坂先生が優しく教えてくださったのを覚えている。当時の中田は20代。血気盛んな千葉の先生だった。そんな中田に夏坂先生はいつも笑顔で話してくれていた。年齢が1つ上とは思っていなかった。雲の上の存在だった

30代後半の中田は夏坂学級の子ども達と授業をする機会をいただいた。筑波に着任する4年前。夏の暑い講堂のステージだった。ひたすら汗をかきながらの4年2桁で割るわり算の授業であった。授業後の協議会で「子ども達に助けられましたね」と言われたことを覚えている。人懐っこい子どもたちだった。授業前に教室に入って子どもたちと楽しんでいたときには「今日はいける！」と思ったが、授業はうまくはいかなかった。

温かい授業人。大人に対しても子どもに対してもである。ところが時折厳しい面を見せることがある。沖縄で飛び込み授業をしたときだったと思う。分かったように反応する子どもに対して「嘘つけ！」と言ったのだ。分かったふりを見逃さないその姿勢。

私の授業に対しても厳しく指導していただいた。ときには語気強く。しかし、強く言った後には「中田さんの気持ちも分かるけどね。観てると分かることがある。でも、やるのは難しいんだよね」といつもの笑顔に戻っていく。優しさの中に厳しさも持ち合わせている根っからの算数授業人である。

算数授業人こうあるべき

大野　桂

夏坂先生はいつも笑顔だ。その笑顔が生み出す安心感が、自分らしくのびのびと学ぶ子どもたちにしているのだと思う。

夏坂先生は急がない。子どもの思考水準と思考のペースに合わせるおおらかさが、子どもたちに安心感を与えているのだと思う。

子どもたちは、その安心感に包まれるから、一生懸命に考えることができる。そしてそれが、授業の終盤になると、子どもが本質をつく考えを表出しはじめ、ぐっとねらいに向かっていくという、夏坂マジックの秘密なのだと思う。

夏坂先生は考え悩む。笑顔の、おおらかさの裏で、授業中、いつも考え悩んでいる。この考え悩みながら授業をどう進めようかじっと考える姿こそが、夏坂先生の算数授業人としての本質なのだと私は感じている。

夏坂先生は、数学的に深いところをねらい、限界に挑戦するような冒険心ある問題を子どもに課す。それは逆に言えば、自らの指導力への挑戦でもある。最終授業もまさにそんな授業であった。今までにないアプローチで、この方が子どもの見方・考え方が育つと信念をもって授業に臨まれていた。最終授業の授業協議会は本当に楽しかった。夏坂先生から、授業中何に悩み、何を考えていたのかを、議論を通して伺うことができたからだ。

最終授業にも関わらず、限界に挑戦し、最後まで自らの授業力を高めようとする夏坂先生の姿は、我々算数部後輩に、「算数授業人こうあるべき」を身をもって示してくれたのだと感じた。

夏坂先生、感謝・感激・感動です……

尊敬する師

森本隆史

2017年4月にわたしは「筑波」に着任した。その2カ月前の初等教育研修会で，提案授業をさせていただく予定だった。しかし，その一週間前に40℃を超える熱が5日間も続き，入院することになってしまった。原因がわからないまま，時間だけが過ぎていき，授業をする日が迫ってきた。

その研修会の担当をされていたのが，夏坂先生だった。熱が下がれば東京に行き，授業をするつもりだった。なかなか熱が下がらない中，病室で夏坂先生に体調等についてメールを送った。

「無理な場合は，授業をする人はたくさんいますのでご心配なく。まずは回復をお祈りいたします」
というのが，夏坂先生のお返事だった。

これを読んだとき「この人と一緒に働きたい」という思いが大きくなった。

着任した1年目，わたしは1年の担任になり，夏坂先生も1年の専科として算数を教えていた。3年後，夏坂先生が教えていた子どもたちの3分の1の子どもたちがわたしのクラスになった。

夏坂先生と3年間，算数を学んだ子どもたち。その中でも，算数が苦手だと思われる子どもたちが，実に素直に，ニコニコしながら「わからない」と言っていることに，当時のわたしは感動した。

自分が育てたいと思っている子どもの姿がそこにあったからである。

弱い立場になりそうな人に，それを感じさせることなく，寄り添い，支えていくことができる方。算数の授業はもちろんだが，これから自分が生きていく中で，多くのことを真似ていきたいと思っている。これからもよろしくお願いいたします。

今も発揮され続ける教育観

青山尚司

夏坂先生，筑波小での32年間，本当にお疲れ様でした。やっと3年間を終えた自分とは，差でみると29年間，倍でみると10倍以上というとてつもない違いがあります。

この度，巻頭グラビアを担当させていただき，「算数授業研究」を創刊号から改めて読み返したのですが，夏坂先生の教材の多様性や，児童理解の深さに圧倒されました。海外での授業実践も多く，日本の算数教育に与えた影響は計り知れません。読めば読むほど，単なる年数ではない，大切な部分の違いを感じます。

特に印象的だったのは，数字カードを使った教材のバリエーション，不完全な状態での提示で子どもと問題を作っていく意識，あえてとぼけることで子どもたちの知的好奇心をくすぐる対話力の3つです。これらは，最近の夏坂先生の授業でも見せていただいてはいましたが，30年以上もの間，ずっと大切にされてきたことが紙面から伝わってきます。我々は，常に新しい授業を作り上げていく使命があります。しかし，その根底にあるのは，授業人として何を大切にしているかであると改めて感じました。

今自分は，光栄なことに夏坂先生が最後に担当されていた学級で授業をしています。その子たちとの授業もまた，夏坂先生のすごさを実感する時間です。常に「何かあるんじゃないか？」という意識をもって参加する子たちに，「どうしてそういうことを考えるの？」と問うと，「なっちゃんにいつも騙されたから」という反応が返ってきます。子どもが主役であるという夏坂先生の教育観は，子どもたちの姿として，今も生き生きと発揮され続けています。この子たちに応える授業を作っていくのは大変なことではありますが，夏坂先生が残してくださった成長のチャンスととらえ，子どもたちから学んでいきたいと思っています。

夏坂先生の後を継いでいくのは容易なことではありません。我儘を許していただけるならば，もっと教えていただく時間が欲しかったと言いたくなります。しかし，偉大な先輩方に囲まれながらも，ご自身で道を開いてきたからこそ，夏坂先生はここまでのご功績を成し遂げられたのでしょう。ですから，自分らしく日々挑戦し続け，またお目にかかる時は，良い実践をお見せすることで恩返しができるように精進して参ります。最後に新天地でのご活躍を心よりお祈りしております。今まで本当にありがとうございました。

動の山本。静の夏坂。

田中英海

風林火山の「動かざること山のごとし」授業での夏坂先生の印象である。およそ15年前に，算数部の授業研究会に参加するようになった。夏坂哲志先生と山本良和先生は同年代ながら，対照的な授業スタイルと感じていた。子どもに積極的に仕掛ける山本先生。発問や価値づけも意図的で，授業を必然で作ると言っていた。「侵略すること火のごとく」という山本先生の印象だった。対照的な夏坂先生もいつも教材が面白い。仕掛けのある奥深い教材を出し，子ども反応を笑顔で待っている。「ん？」「そうか」と自然と子どもが動き出すのを受け止めたり，受け流したりしながら，本質に迫らせていく夏坂先生。まさに動の山本，静の夏坂。ステージの上の協議会でもお互いの授業のちがいを理解し認め合っているお二人がカッコよく，ライバル関係のようで羨ましかった。

私は山本先生と交代で着任し一緒に働くことになったが，副校長としての夏坂先生には本当に助けてもらった。いつも親身になってクラスの悩みを聞いてくれ，「ひでみさんは大丈夫だよ」と笑顔で背中を押してくれた。算数の授業はもちろん，研究を作り上げる上でも確かな指針を示してくれた。そして授業者として教材について楽しく語られる。燃えるような熱さを優しい笑顔で包み込んだ夏坂先生。私もいつか，そうした姿で後輩を支えられるように頑張ります。

お体に気を付けてますますのご活躍を祈念しております！　筑波大学附属小学校算数部夏坂哲志先生！　お疲れ様でございました。ありがとうございました。

「なっちゃん，これからもよろしく！」

明星小学校校長　細水保宏

「なっちゃん，なっちゃん」

みんなから慕われ，算数が好きで，子どもが好きで，首を傾けながらの笑顔が似合う，そして一つ一つ納得してから進んでいく姿の「なっちゃん」。筑波大学附属小学校に１年早く着任していた夏坂先生と知り合って32年が経ちました。知り合った時が20代だったのでいつまでも若いと思っていましたが，いつの間にか還暦を迎える年になっていることが不思議であり驚きです。卒業を前に１年早く附属小を去るわけですが，今までの経験を活かし，是非第二の人生を豊かに送ってほしいと思っています。

「人との繋がり，縁」に感謝！

縁があり，この４月から同僚として働くことになりました。「スカッとさわやかな学校を創りたい，算数好きを増やしてきたい」と

の夢の実現に向けて，一緒に歩んでいくことができることになり本当にうれしく思っています。明星小学校の職員室で二人して机を並べて座っている姿は，附属小学校の算数部の部室で，いつも隣の席に並んで座っていた姿を思い出します。同じものを観たり聞いたりしたときの感想や意見を言い合う楽しさを共有した仲間だからこそ，この縁は，お互いの人生に新たな何かを得ることができると感じています。

「学校は教師が宝」と思っています。先輩方に育ててもらった私たちが次の世代の先生方に何を残し，受け継いでいくことができるか，それを考えながら，夏坂先生と一緒に素敵な学校，そして教師集団及び教師を創っていきたいと思っています。

「なっちゃん，これからもよろしく！」

「なっちゃん」と「きめる」

「授業・人」塾 代表　田中博史

「夏坂哲志」との出会いは1992年の春。その前年に私が筑波に赴任したので，それからの27年間，愛称「なっちゃん」は算数部室の私の隣の席に座っていたよき同志。当時は，私と正木，坪田に引っ張りまわされ夕方になると連日のように飲みながら算数談議。最後は私と正木の激論に巻き込まれて「夏坂，お前はどっちの味方だ」と迫られてお人好しの彼が困るというのがおきまりのパターン。この頃から「きめる」というのが彼のテーマだったのかも。学校行事でもよく共に冒険をしました。学校の農園に卒業前の子どもたちと泊まるというような企画を私がしたときも，他の先生は冷ややかだったのに，なっちゃんだけは面白そうだとすぐ翌年に挑戦。新しい試みは準備が面倒なんだけど，子どもたちを喜ばせるためには苦労を厭わない二十代の青年教師の挑む姿には感心してました。私生活では若い頃共にスキーが趣味だったので二人でSAJの早朝検定に挑戦にいったりと，ある時期はたぶん家族よりも共に過ごした時間が長かったと思います。そんな彼が時々，真面目な顔をして私に苦言を呈すこともありました。普段温厚なだけに彼の言葉はずしりと響きます。怒らせると実は誰よりも怖いんです。でも自分にきちんと苦言を呈してくれる人を大切にすべきだと思っていたので，私にとっては彼は有難い存在でした。彼の骨太で誠実な人柄はこれから進む新しい世界でもきっと大きな武器となるでしょう。でもそれ故に悩むことも増えると思います。「きめる力」をテーマにした「なっちゃん」の本領発揮はこれから。遠くからずっとずっと応援してます。

算数授業づくり「職人」の存在に感謝！

昭和学院中学校・高等学校校長　山本良和

夏坂先生と初めて出会ったのは33年前の高知算数セミナー。年が一歳違いということもあり，筑波大学附属小学校の教員として登壇される夏坂先生には憧れの気持ちを抱くとともに大いに刺激をいただいた。その後，縁があって同じ職場で働けることになり，21年という長い間，同じ部屋で互いによりよい算数授業を追究し続けた。

着任してしばらく経つと，先輩の田中博史先生から「山本と夏坂はもっと喧嘩しろ」と言われるようになった。互いの算数授業観をぶつけ合い，算数授業づくりを磨き合う関係になることが大事だと我々を叱咤激励された言葉である。しかし私は，決して夏坂先生と「喧嘩」する気にはなれなかった。事実，在籍期間中一度も「喧嘩」をしていない。それは算数授業づくりを競わなかったということではない。あまりにも2人の授業づくりが違いすぎて自分には真似できないと思っていたのである。私の算数授業では，子どもが絶対に動き，授業に食いつくように複数のしかけを連続的に設けていく。一方，夏坂先生は綿密に設計された教材を子どもたちに与えて，子どもを信頼してじっくり反応を待ち，対話を通して自然な形で問いを集約したり発展させていく。まさに算数授業の「職人」技を見ているような授業である。ただ，このように違いはあれど2人の目指す子ども像は共通していた。だから，互いの算数授業に関しては大いに語り合ってきた。非力な私が算数教師としての深まりを少しでも得ることができたのは，夏坂先生の存在があったからこそである。今後も刺激を与えていただければ幸いである。よろしくお願いいたします。

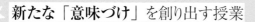

★

 新たな「意味づけ」を創り出す授業

「合同な形」「面積が同じ形」を見出し，問題解決に活かす

夏坂哲志

1 L字形を1本の直線で二等分する

4年の「面積」の学習で，L字形を1本の直線で2等分する方法について考えた。2月の初等教育研修会算数科分科会で行った授業である。

はじめに，提示した分け方は，図1のような線の引き方である。（辺の長さは示してある。）

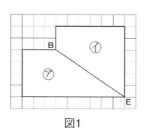
図1

対角線 BE を引くと，2つの台形⑦と⑦に分かれる。⑦と⑦はぴったりと重ならないが，面積は同じである。面積が同じになることを，子どもたちは次のように説明した。

〔説明①〕

図1を，図2のように分割する。▲印をつけた直角三角形に着目すると，この2つは長方形を対角

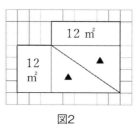
図2

線で切った形なので，合同であり，面積も等しいと言える。

また，残りの長方形の部分の面積をそれぞれ計算で求めると，どちらも 12 m² になる。

だから，⑦も⑦も，面積は，（▲＋12）m²

となり，等しいことがわかる。

この説明の時に，私がこだわったことがある。それは，A「形が同じだから面積が同じ」なのか，B「面積が同じだから形が同じ」なのかということである。

子どもの説明を聞いていると，上記AとBの表現が混在していた。子どもたちは，この2つの違いをあまり意識していないようだ。しかし，Aは「正しい」が，Bは「正しい」とは言えない。論理的な説明に不可欠なこの違いに触れるよい機会だと考えた。

「Aなの？ Bなの？ どちらでもいいの？」と子どもに繰り返して尋ねると，Yさんが手を挙げた。そして，次のような反例を挙げて，「Aでなければならない」ことを説明した。

「縦4m，横3mの長方形の面積は12 m²で，縦2m，横6mの長方形の面積も12 m²。この2つの長方形は面積が同じだけれど，同じ形（合同な形）ではない」

この例は，「面積が同じでも形が同じではない」場合を示している。

2 他の説明もできるよ

ここから二時間目。子どもたちの説明は，この後も続いた。いくつか紹介したい。

〔説明②〕

　図3のように分割すると，●の長方形は全て合同な形となる。このことから，図1の㋐と㋑はどちらも，●二つ分と▲一つ分の面積であることがわかる。㋐と㋑の中に同じ形を見出して，面積を比較していると言える。

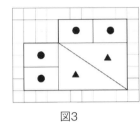

図3

〔説明③④〕

　図4と図5のように㋐と㋑の台形の一部分を切って移動して，同じ形にするという考え方である。

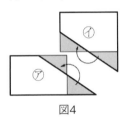
図4

図5

　図4では，㋐も㋑も同じ長方形（縦4m，横6m）に変形している。また，図5では，㋑の下の部分を切って左上にくっつけて，㋐と合同な台形に変形している。

〔説明⑤〕

　図6のように，L字形の左上を小さな長方形で埋めて，対角線BEを延ばしてみる。

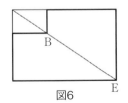
図6

すると，大きな直角三角形が2つと，小さな直角三角形が2つできる。

　大きな直角三角形は大きな長方形の半分。

この面積を□とする。一方，小さな直角三角形は小さな長方形の半分である。この面積を△とすると，㋐と㋑の台形の面積はどちらも□から△を引いた大きさである。だから，㋐＝㋑と言える。

3 別の直線でも二等分できるよ

　「二等分する直線は他にも引ける」という子が何人かいる。Kさんは，右から4mのところに縦に引けばよいと言った。（図7）

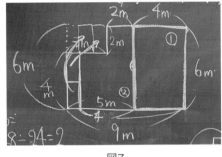
図7

　境界線の左の部分のL字形は，一部分を分割して図7の矢印のように移動すれば，境界線の右の部分の長方形と同じ形になる。

　この後，子ども達は，他の直線やそれらの直線がいつでも通る1点を見つけていった。

　問題提示や展開の仕方には課題が残る授業となったが，「合同な形」や「面積が同じ形」を見いだしたり作ったりする活動につながったのではないかと思う。

　　　　　＊　　　＊　　　＊

　私の連載は，本号をもって終了となります。本誌の前身である「侃々諤々」，そして本誌創刊号から本号までの長い間，自分の考えや実践を自由に述べさせていただいたことに心より感謝申し上げます。

TANAKA Hidemi

AOYAMA Shoji

MORIMOTO Takashi

OHNO Kei

NAKATA Toshiyuki

SEIYAMA Takao

NATSUSAKA Satoshi

算数を創る，活かす，遊ぶ
「算究できる子ども」

連載◇第15回

田中英海

1 算数授業でこんな子どもを育てたい

　3月のスプリングフェスティバルのテーマを受けて，改めて子どもにどうなってほしいのかを考えた。私は，子どもに「人や社会に優しくできる人」「ありがとうを行動で表せる人」になってほしいという願いをもっている。では，算数授業ではどうか。算数授業を大まかに3つに分けて捉え，「算究できる子ども」になってほしいと思う。（算究は造語である）

①算数を創る ②算数を活かす ③算数で遊ぶ

　特に「算数を創る」と意識をもっている先生はまだ多くないと感じる。既習事項をもとに新たな知識や技能を創る学びをベースに，一人ではできないことも友だちと算数を学んだからこそ新たな発見ができたという経験を重ねていく。集団で深く考え問題解決できたという仲間のよさを実感して。仲間に算究（Thank you！ありがとう）の気持ちが生まれる学びにできれば，学校で算数を学ぶ意義と育てたい子ども像と重なっていくと思う。これまで①創る②活かすをメインに連載を書いてきた。今回は③遊ぶ授業のイメージを記す。

2 算数で遊ぶ

　数時間単位で問題を追究したり，問題を作りかえて出し合ったりする学習である。教材自体はよくみるパズル的なものも扱う。今回は，所属する研究会で提案された材で実践したこと，提案者に許可をもらったことを触れておく。

(1) 原問題の提示と問いづくり

　5年末の授業である。一度，原題を考えてみてほしい。既習事項をどう生かせるのか，どんな学習につながるかが子どもの追究の鍵となる。

スタート⑤からすべてのマスを通って，ゴールの⑥に行くことはできるかな。

【原題】　　　　　　　　　　【問題②】

　4×4の正方形のマスの全てを通ってゴールに行ける条件を考える問題である。原題では全てのマスを通ってゴールできる。しかし，問題②のように⑥を右下にすると，全てのマスを通ってゴールができない。「どうやったらできるの？」と全てを通る条件を整理することが全体の問いとなった。

(2) ICT機器を使った試行錯誤

問題を作りかえる時，単に数字や形を変えるのでは，よりよい発展のさせ方とは言い難い。問いに正対し，問題の構造が明らかになるように条件を変えられるといい。この問題ではゴールとマスの数を変えられるが，どちらか一方を変えると構造が見えやすくなる。子どもたちは，右下のゴールを変えないまま縦横のマスの数を変えるか，4×4のままゴールの位置を変えてみる姿が見られた。

＜4×4のマスのまま⑥の場所を変える＞

＜⑥を右下に固定してマス目の数を変える＞

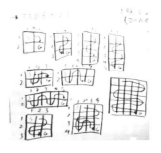

（3）他者参照が可能な試行錯誤

内田洋行のデジタルスクールノートを使うことで，他者の考えも見られる状態で試行錯誤をさせた。他者の考えを見られることのメリット，デメリットはあるが，このような問題の取り掛かりやアイデアを参考にし合うよさはある。そのため，縦と横の列の数に注目し，奇数と偶数で分類できそうだという見通しが広がっていった。

1時間のまとめは，ノートの表題にすることで，他者の考え方や着眼点が一覧になった状態で分かり，より広がりやすくなる。

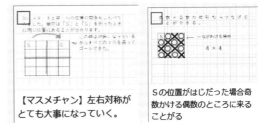

そのように試行錯誤とまとめで，他者の考えを活かしながら個人の追究が進んでいく。

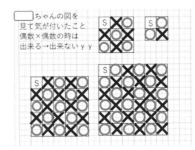

終わりは数時間にわたって追究した中に出てきた見方・考え方を振り返らせる。教師はこうした教材を，どの単元とどの単元の間にやると効果的かを考えて行えるとよい。本問題では，条件を制御しながら試行錯誤することで，倍数や約数を視点に分類した。また，対称性に着目することで6年生へのつなぎとなった。

他者参照や援助要請ができる学び手になってほしいが，単に情報を得るだけではよりよい学び手とはいえない。他者の表現をすぐに活用できるICTのよさがある一方，考えの著者性が消えてはいけない。自他の考えの区別がつけ，自分の考えがどう変容していったのかをメタ認知させていきたい。ICTの機器や学習形態によらず，学び得たものを子ども自身が自覚できるように，算数を創る，活かす，遊ぶを組み合わせ方を提案していきたい。

TANAKA Hidemi

AOYAMA Shoji

MORIMOTO Takashi

OHNO Kei

NAKATA Toshiyuki

SEIYAMA Takao

NATSUSAKA Satoshi

趣味の割合　 連載
第3回

「ジャンケン大会」前編
～自分事の大切さと「半分」の有用性～

青山尚司

❶ 全員が自分のデータで

　割合の学習は昔からずっと難しいといわれている。しかし，5年生の導入題材として，バスケットボールのシュートがずっと扱われ続けているのはなぜであろうか？　全体と部分との関係が比較的わかりやすいからなのであろうが，知らない人のシュートがどのくらい入ったかを比較するなんて，多くの子どもにとって必要感がない。

　だったら一人一人にシュートを打たせたら……とも考えたのだが，そのデータを取るだけで1時間が終わってしまうし，シュートが苦手な子にとって，自分の記録を友達と比べられることは苦痛でしかない。以下に述べる「ジャンケン大会」での割合の導入を考えたのは，そんな思いからであった。

❷ 1分後の発問

　実際に行う「ジャンケン大会」のルールは以下の4つである。
①1分間でできるだけたくさん勝負をする
②表に勝ったら○，負けたら×を記入する
③あいこで終わらせず決着がつくまでやる
④同じ人と1回以上対戦してはいけない

　これ以上余計なことは話さず，「用意！スタート！」と，すぐに対戦を開始した。

　1分後，自分の成績について話したがる子がたくさんいる。この時，みなさんだったらどんな問いを子どもに発するであろうか？自分の場合，「超分かりやすい結果になった人？」と発問をする。なぜこの発問が大切なのかは，その後に引き出される児童の反応で分かる。「分かりやすい結果」といえば，全勝と全敗が考えられるが，どちらも実際に出てくることはまずない（もしもいたとしても問題はないが）。だいたいは，「8回やって4回勝った」という答えが返ってくる。ここでなぜ分かりやすいのかを問い，「半分」というキーワードを引き出すことが重要なのである。

❸ 「半分」の意味

　次に「半分ってどういうこと？」と問い，「勝ちと負けが同じ数」，「$\frac{1}{2}$」といった反応を引き出す。その議論の中で，「どういう状態かノートにかける？」と促すと，子どもは各々，直線や長方形，円などを描き，ちょうど真ん中のところに線を引き，左右均等に勝ち負けを分けた図にする。それらを紹介しながら「半分」のイメージを共有しつつ，1mの線分を板書する。そして，「これで半分を表せるかな？」と問うと，前に出てきた子が

線分の真ん中に印を付ける。こうして，半分の位置を確認したところで，「8回やって4回勝った」という子の成績がそこにあたることを確認する。「ここにいる人は他にもいますか？」と問うと，「僕も10回やって5回勝ったから同じところです」と言う子が出てくる。そして，「回数が全然違うのに，2人ともここなのはどうして？」と問い，「勝ったのが半分だから」，「$\frac{4}{8}$ も $\frac{5}{10}$ も同じ $\frac{1}{2}$ だから」といった反応を引き出す。もしも，成績を分数で表す子がいた場合は，分母がジャンケンをした回数で，分子が勝った回数であることを確認するとよい。

④ それぞれの位置

真ん中は，「半分勝った人の位置」で，それを「$\frac{1}{2}$」とすることに全員が納得できたら，線分の左端が「全敗」で「0」，右端が10戦10勝などの「全勝」で「1」となることも確認する。

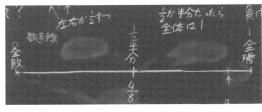
図1　半分の意味から全体を図示

図1のように，「0」と「1」，そして，そのちょうど真ん中に「$\frac{1}{2}$」の目盛りがある数直線が完成したら，「みんなはどこらへんにいるかな？」と問いかける。「あそこ」と指さしている子を前に呼び，実際に位置を示してもらう。例えば，半分の目盛りよりも少し右を指さしたとすると，「ここは，何回やって何回勝ったと思う？」と，この子の成績を全体に問う。すると，「10回やって6回勝ったと思う」といったおおまかな予想が引き出される。ここで，図を10等分した目盛りを入れるアイデアが出るかもしれない。その後，全員が0と1の間にいることを確認し，自分は $\frac{1}{2}$ より左にいるか，右にいるかを問う。そうして，図の見方が分かったところで，「じゃあ，先生が0から1に向けて指を動かしていくから，自分がいるところで手を挙げてね」と伝える。実際にゆっくりと指を動かしていくと，全員じっと指先を見つめ，自分の成績の位置にきたら「はい！」と手を挙げていく。「自分がどうしてそこになるのかをノートに書きましょう」と伝える。ジャンケンをした回数のうち，どのくらい勝てたのかから，自分の成績が，どこに位置するのかをはっきりさせることが大切なのである。

⑤ 自分事の大切さ

この「ジャンケン大会」の実践は，どの子もしっかり意味を理解して参加することができる。また，データが自分事であること，「半分」という割合の超基本を基準として考えることができるといったよさがある。

次回は，この題材のデメリットにも触れつつ，全員が自分の位置を把握した後の展開についてお伝えしたい。

「見せ方」と「問い方」を考える

森本隆史

◆教科書の問題を少し変える

　教科書にはたくさんの良問が載っている。しかし，これをそのまま見せて，問題を解いても，子どもたちの見方・考え方はなかなか育っていかないだろう。

　例えば，6年「対称な図形」では以下のような問題がある。

　次の図は，直線アイを対称の軸とする線対称な図形の半分を表しています。
　残りの半分をかきましょう。

　この場合，答えは1つしかない。

　線対称な図形は，合同な図形が2つ組み合わさってできていることを考えると，この問題の一部分を変えると，子どもたちと多様な見方ができるようになる。

　わたしは「直線アイを対称の軸とする」という部分を示さずに子どもたちに見せることにした。

　次の図は，直線アイを対称の軸とする線対称な図形の半分を表しています。
　残りの半分をかきましょう。

　この矢印のような形をどの向きに置いて見せるのかということも，子どもたちの思考に関わってくる。上の図のように見せた場合，子どもたちには，左のような「対称の軸アイ」が見えやすくなる。

　しかし，はじめにAやBの向きで子どもたちに見せたとすると，子どもたちは対称の軸をアイだけではなく，他にも見ようとするはずである。ここで大切にしたい

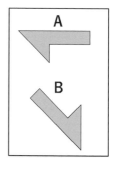

のは，教師の見せ方によって「子どもたちにはどのように見えるのか」と考えることである。見せ方を変えると，子どもたちが考えることは変わっていくということを教師も楽しむとよいと思っている。

わたしは，子どもたちから「対称の軸は1本だけじゃないよ」と言わせたいと考えていたので，子どもたちがアイを対称の軸と見て，残りの半分をかいたときに，

「対称の軸は『これ（アイ）』しかないよね」と，わざと限定する言葉を使った。

このように限定する言葉を使うと，子どもたちは「他にもあるかもしれない」と，動き出すことが多い。これが問い方の工夫である。

右のように，対称の軸を見いだした子どもが出てきた。続いて，

「だったら，対称の軸をななめにしてもいいんじゃないかな」

と言う子どもも現れた。

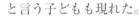

この場面で「ななめ」の話題が出てこないときには，

「縦と横は，みつかったね」

と，「は」という助詞をあえて使うことで，子どもたちから「ななめ」という発想を引き出すことができると考える。

◆同じように問題を変える

線対称な図形をかいた後には，点対称な図形をかく学習がある。点対称な図形をかくときには，どんな問題を子どもたちに与えようかと考えた。悩むことはやめ，線対称な図形の問題を考えたときと同じように問題を変えることにした。

教科書には，点対称な図形についても次のような問題が載っている。

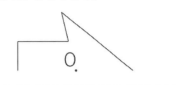

次の図は，点 O を対称の中心とする点対称な図形の半分を表しています。
残りの半分をかきましょう。

さきほどと同じように，この場合の答えは1つしかない。そこで，子どもたちが対称の中心をきめることができるように，「点 O を対称の中心とする」という部分を示さずに，半分の図形を与えた。

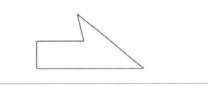

次の図は，~~点 O を対称の中心とする~~点対称な図形の半分を表しています。
残りの半分をかきましょう。

子どもが対称の中心をどこにきめるのかによって，以下のように，できあがる点対称な図形は変わってくる。

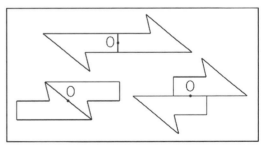

今回は，教科書に載っている問題を少し「情報不足」にして，子どもたちに与えたことについて触れた。授業を考えるときの自分の引き出しを増やしていくことが大切である。

TANAKA Hidemi　AOYAMA Shoji　MORIMOTO Takashi　OHNO Kei　NAKATA Toshiyuki　SEIYAMA Takao　NATSUSAKA Satoshi

ビルドアップ型問題解決学習

「平行」を捉えようとする心の働きを育てる(3)

―2年「三角形と四角形」における，敷き詰めの活動を通して―

大野　桂

1 第3時　一般三角形の敷き詰め

第3時，まずは敷き詰めにくそうと言っていた一般三角形の敷き詰めから取り組ませた。

ただの三角形が敷き詰めにくい理由を，子どもたちは，「直角がないから」「角がとがっているから」「辺が斜めだから」と述べた。

ここで，一般三角形を提示し，眺めるように促したが，「敷き詰まるかどうか分からない」という子どもがほとんどであった。

(1) 操作で敷き詰められることへ気づく

「やってみたい」という声が多く表出したので，一人一人に配っていた封筒から，三角形を取り出させ，操作活動をするよう促した。

すると，「敷き詰められる」という声がつぶやかれた。さらに，敷き詰められる理由なのか，「2枚で充分」という声も聞こえてきた。

(2) 2枚組み合わせると四角形ができる

多くの子どもから「2枚で説明できる」という声が上がったので，説明を求めた。

1人の子どもが黒板の前に出てきて，もう一枚の三角形を右のように張り付けた。

そして，「三角形，同じ辺の長さのところを組み合わせると四角形になるから」と述べた。すると，他の子どもが黒板に出てきて，三角

形を組み合わせ次のような四角形を作り，「これでもいい」と述べた。

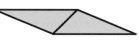

一般三角形の敷き詰めで授業は導入したのだが，このことをきっかけに，四角形の敷き詰めの学習へと変わっていった。

(3) 向かい合う辺が同じだから

ここで，前時のことを確認する意味も込めて，「でも，この四角形は，直角がないじゃん」と子どもに問いかけてみた。すると，「直角がなくても向かい合う辺の長さが同じだから敷き詰まる」と話し出した。

(4) 4つの四角形で敷き詰められている

向かい合う辺が同じ四角形が本当に敷き詰められるかを確認すべく，何人かの子どもに黒板に出てきてもらい，2枚を組み合わせてできた四角形を敷き詰める操作をさせ，敷き詰まることを確認させた。

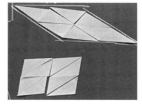

そして，黒板の形は，「4つの四角形で敷き詰められている」と確認した。

TANAKA Hidemi　AOYAMA Shoji　MORIMOTO Takashi　**OHNO Kei**　NAKATA Toshiyuki　SEIYAMA Takao　NATSUSAKA Satoshi

（5）さっきのはきれいだった

ここで、右の四角形を提示し、「この四角形は敷き詰まりそう？」と問うてみた。

すると、「ガタガタだから敷き詰まらない」と発言する多くの子供が述べた。そしてさらに、「さっきのはきれいだったから」という声が上がった。

私は、この「きれい」という声を心待ちにしていた。なぜなら、「きれい」と感じる理由を問えば、「平行」が表出すると考えていたからである。

そこで、「さっきのは、どこがきれいと感じたの？」と問いかけた。するとやっぱりである。一人の子どもが黒板に出てきて、「こことここが平行で、こことここが平行だからきれいと感じた」と、向かい合う辺が平行であることを指でなぞりながら、説明を始めた。

それを見ながら、他の子どもたちも、手で「平行」を表現し、納得しているようであった。このことにより「向かい合う辺が平行だからきれい」と確認された。

（6）敷き詰まるけど平行はなさそう

ここで、さっきガタガタと表現していた四角形は敷き詰まるかの話に戻した。

すると、子どもたちから「敷き詰まるかもしれないけどきれいにはならなそう」「平行はな

さそう」という声が上がった。そして、とにかくやってみようということになった。

（7）2つ組み合わせると平行がある

その時である。「平行」があると言い出す子どもが表れた。そして、「2枚組み合わせると平行ができる」と述べた。それを聞いた子供たちが、「本当だ、平行がある」「3つ全部平行だ」という声をあげ、黒板で説明を始めた。

（8）平行

「敷き詰めたら平行があるか、敷き詰めの続きをやってみよう」と促した。子どもたちは、黒板にでてきて敷き詰めていった。その

操作を見ている子どもから、「ハチの巣みたいに敷き詰まる」「平行がいっぱいある」という声が上がり、どこが平行になっているかを説明していた。

そして、次のように敷き詰め模様を作り、「敷き詰まる理由は、平行があるから」と結論づけていた。

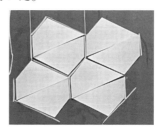

辺の長さや角の大きさのうち3つが分かっても 三角形は1つに決まらないとき

5年　合同

中田　寿幸

1 合同な三角形が1つに決まらないとき

　子どもたちは前時までに，辺の長さと角の大きさの6つのうち，3つが分かれば合同な三角形がかけること学んできた。

　ただし，この3つがどの位置の3つなのかの意識は明確にはなっていない。なぜなら「3つが分かっても1つの三角形に決まらない」ときがあることの経験が不足しているためである。そこで3つの大きさが分かっても，三角形が1つに決まらない場面を意図的に作っていった。

2 辺の長さを変えて三角形をかく

> 辺BCが6cm，角Bが45度，辺ACが4cmの三角形ABCをかこう

　問題を提示し，6cmの辺BCを固定して，すぐに一人一人がかく活動に入った。

　しばらくすると「先生，かけないよ」「三角形になりません」との声。「どうして？」と聞き返すと，子どもたちは「辺AC辺BCに届きません」「4cmじゃ足りないよ」「あと2mm足りない」「いや，3mmだよ」「どっちみち足りません」という。

　黒板でかき方を確かめてみた。このとき，コンパスを使って，長さ4cmでは足りないことを見せていく。

「確かに長さが足りないね」

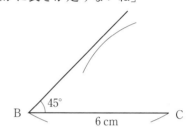

「2mmか3mmぐらい足りなかったんだね。」

「じゃあ，どうすれば三角形がかけるかなあ」と問い返した。

「長くすればいい」と言う考えと「角Bの角度を小さくすればいい」という意見が出た。「じゃあ，まずは長さを長くしてかこう。何cmならかけそう？」と問い返した。

「5cmなら届くんじゃない」「よしかいてみよう」ということで，かいてみた。

「届いた」「かけたよ」

　かけた三角形を発表させた。

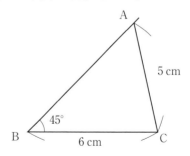

「あれ？　小さくしちゃったよ。間違えた！」一人の男の子がつぶやいた。

「A君が，小さい三角形ができたって言うんだけど，だめなのかなあ」と問い返す。

「かいてみてよ」との声に励まされて，間違えたと言っていた子に，どのようにかいたのか説明させ，私が板書した。

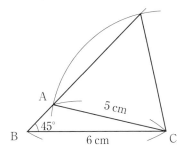

「合っているんじゃない？」「辺の長さも角度も合っているよ」「3つの条件は満たしているのに・・・」

2つの辺と1つの角が同じなら合同な三角形がかけると考えていた子どもたちは，辺と辺の間の角が決まっていないと三角形が1つに決まらないことを活動を通して学んでいくことができた。

3 最大の角度の三角形をかく

次に角度を小さくしてかいてみた。

まずは予想をする。44度，43度，42度・・・

「何度ならかけるんだろう」「30度なら多分かけるよ」「40度でもかけるんじゃない？」「41度だったらどうかなあ」

子どもたちの予想は三角形のできる一番大きな角度を求めることに気持ちが向いていった。

ここで一人一人がノートにかいてみた。「40度でかける」「41度でもかける」「42度もいいんじゃない？」「43度でもいいよ」など，

報告があった。しばらくして，「最高の角度がわかった」という男の子がいた。

「点Cから4cmの円をかいて，そこに触るぐらいに辺ABをかいて，角度を測ったら42度だった」

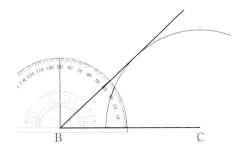

4 角度を小さくして三角形をかく

次に角度を小さくして三角形をかいていった。適当に角度を決めてかく子がいる。40度，30度，20度と10度ずつ小さくしてかく子がいる。5度ずつ刻んでかく子もいる。

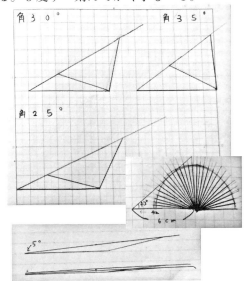

1つの角が5度の薄い三角形でも1つに決まらずに2つできてしまう。

5度ずつ角度をずらしていっても，いつでも三角形が2つできてしまうことも確かめられた。

整数の性質の見方
—5年生　奇数・偶数に着目して—
盛山隆雄

1 本時の問題と導入のやりとり

整数の性質の活用の学習として，次のような問題を出した。

> 1～32のそれぞれの整数を，連続する整数の和で表しましょう。

「どんな意味かわかりますか？」
と問いかけ，1つ例示してみた。
「例えば，3＝1＋2で表せますね。1と2は連続する整数でしょ。意味がわかったかな？」
そうすると，ある子どもが
「2はできないよ。」
と言い始めたので，
「どうしてできないのかな。」
と問うと，
「0＋1＝0で，1＋2＝3だから，2はできないと思います。」
と話してくれた。立派な説明である。このようなやりとりをしながら問題理解をしていった。

2 1～16の式から帰納する

問題の意味がわかったら，自力解決の時間をしばらくとった。それから自由に友だちと一緒に考える時間もとり，子どもたち全員がこの問題にしっかり関わっていることを確認した。それから，クラスは32人いるので，一人1つの数を担当して，板書してもらうことにし，まず1～16の数を先に板書したもらった。

$$1 = 0 + 1 \qquad 10 = 1 + 2 + 3 + 4$$
$$2 = \times \qquad 11 = 5 + 6$$
$$3 = 1 + 2 \qquad 12 = 3 + 4 + 5$$
$$4 = \times \qquad 13 = 6 + 7$$
$$5 = 2 + 3 \qquad 14 = 2 + 3 + 4 + 5$$
$$6 = 1 + 2 + 3 \qquad 15 = 4 + 5 + 6$$
$$7 = 3 + 4 \qquad\quad\ = 7 + 8$$
$$8 = \times \qquad 16 = \times$$
$$9 = 4 + 5$$

すると，子どもたちは，次のようなことを発見した。
① 奇数の式の見つけ方
② 3でわれる数の式の見つけ方
③ できない数のきまり

①は，1＝0＋1，3＝1＋2，5＝2＋3，7＝3＋4……と，たされる数とたす数が順にずれていくというきまりである。その理由については，次のように説明する子どもがいた。
「奇数は1，3，5，7……と2ずつ増えていきます。例えば3＝1＋2だけど，たされる数とたす数に1ずつたして2増やすと，2＋3になります。2＋3にまた1ずつたすと3＋4になります。だから，奇数は，式がつながって

いくと思います。」

この説明にみんなが納得した。さらに奇数の式の見つけ方として，次のような説明も発表された。

「例えば13なら，$13-1=12$，$12\div2=6$，小さいほうの数は6で大きいほうは7。だから，$13=6+7$です」

②は，例えば12は3でわり切れるので，$12\div3=4$。だから，$12=4+4+4$という式ができることがわかる。いったん12を3等分しておいて，それから操作して階段のようにするという。

③は，式にならない数は，2，4，8，16となっている。この数は，2，2×2，$2\times2\times2$，$2\times2\times2\times2$と式で表すことができる。だから，次は$16\times2=32$で32が式にできないだろうと予想した。

3 見つけたことを使って考える

1〜16の式の考察で見つけたきまりを使って32までの式を考えることにした。その際，ある子どもが4番目のきまりを見つけた。

それは，5でわれる数の式の見つけ方である。

例えば20は5でわり切れるので，$20\div5=4$。だから，$20=4+4+4+4+4$という式になる。そして，3等分のときと同じように，5等分した数を操作して階段にするというのだ。

結局，奇数でわれる数は，階段にできる，つまり連続する整数にできるという話になった。

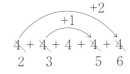

連続する整数の和になるように式を作る活動を行い，その式を振り返って考察することで，整数の性質に関連するきまりを見つけることができた。そして，そのきまりを使って新たな式を見つけるという数学的活動を行うことができた。子どもたちが協働で夢中になって考えていたのが印象的である。

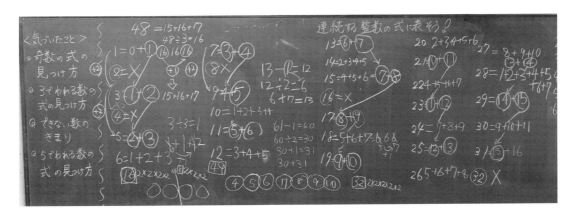

ⓘ 算数授業情報

651

第35回　全国算数授業研究大会

日　時：令和 6 年 8 月 5 日(月)，6 日(火)　　会　場：筑波大学附属小学校

大会テーマ「本質に導く授業力　―多様な学びが求められる今，教師の授業力を問う」

＜1日目＞
9：30　受付
10：00　会長挨拶
10：15　公開授業①2年「かけ算」森本隆史
13：00　公開授業②（4 会場同時開催）
A　3年「小数」新城喬之（沖縄）
B　3年「分数」岩本充弘（広島附小）
C　4年「面積」向井大嗣（和歌山）
D　5年「割合」中村佑（宮城）
14:45　基調提案　中田寿幸　永田美奈子（雙葉小）　盛山隆雄
14:45　公開討論（ICT と授業の本質）
田中英海，二宮大樹（昭和学院小）
16:30　事務連絡

＜2日目＞
8：00　受付
9：00　公開授業③（4 会場同時開催）
A　2年「三角形と四角形」桑原麻里（宮崎）
B　3年「かけ算」岡田紘子（お茶小）
C　4年「概数」山田剛史（学芸竹早小）
D　5年「面積」小泉友（東京）
10：50　ワークショップ
12：00　昼食　Q＆A 講座
13：40　公開授業④3年「未定」大野桂　パネル　青山尚司　他
15：20　講演「本質に導く授業力―多様な学びが求められる今，教師の授業力を問う―」　盛山隆雄
16：00　閉会

652

筑波大学附属小学校　研究発表会

日　時：6 月 8 日(土)，9 日(日)
会　場：筑波大学附属小学校

＜1日目　6月8日(土)＞
午前 個人提案授業
算数科公開授業　青山・大野・中田・森本
オンライン　田中（ICT 算数）盛山（総合）
午後 算数分科会
＜2日目　6月9日(日)＞
午前　個人授業提案

算数科公開授業　田中　盛山
オンライン　大野
【詳細申し込み】
筑波大学附属小学校ホームページから

653

第9回　筑波大学・附属小中高等学校算数・数学科合同研究会

日　時：6 月30日(日)

会　　場：筑波大学附属小学校

授業者　盛山隆雄　他（中高　授業有）

654

オール筑波算数サマーフェスティバル

日　　時：7月14日（日），15日（祝月）

会　　場：筑波大学附属小学校

＜1日目　7月14日（日）＞

08：30　受付

09：00　児童劇2年　森本学級

09：30　講演　中田寿幸

10：15　授業①2年　森本隆史

13：00　立ち合い授業②3年　大野桂

13：50　　　　　③4年　田中英海

15：50　終了

＜2日目　7月15日（月）＞

08：30　受付

09：00　授業③5年　OB夏坂哲志

10：00　授業協議会シンポジウム（予定）
　　　　OB細水保宏 OB田中博史 OB山本良和

11：00　講演　青山尚司

12：45　児童劇6年　盛山学級

13：30　授業④6年　盛山隆雄

15：30　閉会

655

高知算数セミナー・幡多算数セミナー

日　　時：7月23日（火），24日（水）

会　　場：高知会館

訪高知：盛山隆雄・森本隆史・青山尚司

25日（木）午後　幡多地区

会　　場：しまんとぴあ

訪幡多：青山尚司

656

『算数授業研究』GGゼミ（オンライン）

第23回 8月24日（土）AM 森本・盛山

第24回10月27日（日）PM 青山・田中英

第25回2025年1月11日（土）PM 大野・中田

657

『算数授業研究』公開講座 in 沖縄

日　　時：12月7日（土）※日程変更しました

公開授業　大野　青山

講　　演　森本

658

冬季　全国算数授業研究大会（熊本大会）

日　　時：令和7年1月18日（土）

会　　場：熊本市立力合西小学校

659

オール筑波算数スプリングフェスティバル

日　　時：3月1日（土），2日（日）

＜1日目　3月1日（土）＞

講演　青山　　公開授業　中田　大野

＜2日目　3月2日（日）＞

講演　田中英　　公開授業　盛山　森本

【詳細申し込み】

算数部X（旧Twitter），Facebook，算数部
ブログ告知します。

ⓔ 編集後記
editor's note

　4月上旬。6名になった新算数部で合宿を行った。合宿の目的は，今年度の校内研究での算数部の提案をどうするかを考えること，すなわち，研究を進めるために行うことである。研究テーマは，「違いを編む知性」。研究企画部の青山先生から「違いを編む授業の具体」「編まれた知性とは何か」の具体例を持ち寄るように，宿題を課されていた。

　ただ，私はどうしても「知性」という文言が気になり，実践のことが考えられなかった。「算数で育みたい知性」が明確にならないと，具体例など考えられなかったのだ。だから，宿題のことはさておき，私の考える「算数で育みたい知性」をまず最初に提案させていただき，算数部のメンバーと議論させていただいた。議論を通して，まだ曖昧ではあるが，「算数で育みたい知性」が見えてきた。

　フラットに議論ができる6名の算数部に頼もしさも感じた。合宿を通して研究の「幹」がしっかりしてきたので，「違いを編む知性」の研究は促進すると感じた。

　子どもを「算数好きに育てる」もまさに「幹」だと思う。教育改革により，様々なキーワードが出てきているが，「算数好きな子どもに育てる」という「幹」がしっかりしていなければ，何をやっても無駄になってしまうだろう。

　そんな思いから，子どもを「算数好きに育てる」と題し特集を組み，今一度，算数教育の「幹」に向き合いたいと考えたのである。そして，経験豊かな先生方にご執筆いただいたのである。

　本誌が，算数好きな子どもに育てることの一助になると信じてやまない。そして，丁寧に編集作業をしていただいた，石川夏樹氏に感謝申し上げる。

（大野　桂）

ⓝ 次号予告
next issue　　　　　　No.153

筑波流　子どもを「算数好き」に育てるコツⅡ　授業づくり編

　本号は，教師のスタンスや教材づくりに焦点をあてて，「算数好きな子ども」を育てるコツを特集しました。次号は，算数好きな子どもを育てるコツのパートⅡとして，多様な指導技術や子どもの感覚を豊かにする楽しい活動に焦点をあてます。例えば，「先行知識がある子供に優位性がうまれない発問」，「解きなおし，考えなおしを保証する」，「めがてが自由設定の自力解決」などの指導技術に関する内容，また，「量感を愉しむ活動」，「美しい図形の作品づくり」などの面白い活動の紹介を行います。日々の授業に役立つ1冊となることを願っております。

ⓢ 定期購読
subscription

　『算数授業研究』誌は，続けてご購読いただけるとお得になる年間定期購読もご用意しております。

■ 年間購読（6冊）5,292円（税込）
　［本誌10%引き！　送料無料！］
■ 都度課金（1冊）980円（税込）
　［送料無料！］

　お申込詳細は，弊社ホームページをご参照ください。定期購読についてのお問い合わせは，弊社営業部まで（頁下部に連絡先記載）。　https://www.toyokan.co.jp/

算数授業研究 No.152
　　　　　　　　　2024年5月31日発行

企画・編集／筑波大学附属小学校算数研究部
発　行　者／錦織圭之介
発　行　所／株式会社 東洋館出版社
　〒101-0054　東京都千代田区神田錦町2丁目9番1号
　　　　　　　　　　　　コンフォール安田ビル2階
　　　　電話　03-6778-4343（代　表）
　　　　　　　03-6778-7278（営業部）
　　　　振替　00180-7-96823
　　　　URL　https://www.toyokan.co.jp

印刷・製本／藤原印刷株式会社
ISBN 978-4-491-05592-3　Printed in Japan

後期から使える下巻改訂版ついに刊行!

田中博史 全面監修

B5判
3,080円(税込)

ここが新しい

大好評頂いている板書シリーズ

◇ **新学習指導要領に対応**

子どもとの対話を板書しながら展開していく授業の実際がわかる!

◇ **執筆者による授業DVD付き**

授業づくりのポイントをより見やすく!!

◇ **全ページ見やすい2色刷り**

本書は『板書で見る全単元・全時間の授業のすべて』のシリーズの第3期になります。このシリーズは読者の先生方の厚い支持をいただき累計100万部となる,教育書としてはベストセラーと言えるシリーズとなりました。

今回のシリーズも執筆者集団には,文字通り算数授業の達人と言われる面々を揃えました。子どもの姿を通して検証された本物の実践がここに結集されていると思います。さらに,各巻には具体的な授業のイメージをより実感できるように,実際の授業シーンを板書に焦点を当て編集した授業映像DVDも付け加えました。

明日の算数授業で,算数好きを増やすことに必ず役立つシリーズとなったと自負しています。

板書シリーズ算数 総合企画監修
「授業・人」塾 代表 **田中 博史**
前筑波大学附属小学校副校長・前全国算数授業研究会会長

1年(上)執筆:小松信哉・中田寿幸・永田美奈子・森本隆史

山本良和 著 2年(上)

盛山隆雄 著 5年(上)

夏坂哲志 著 3年(上)

尾﨑正彦 著 6年(上)

大野桂 著 4年(上)

絶賛発売中!!

新 板書で見るシリーズ
特設サイトはこちらから↓

見やすい二色刷り

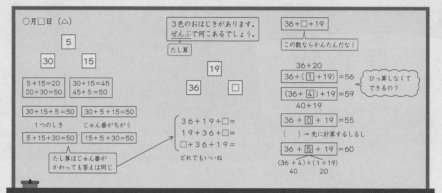

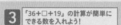

本時案

おはじきは全部で何個あるのかな？

11/11

本時の目標
・3口のたし算場面を通して，たし算の交換法則と結合法則が成り立つことや，式の中に（　）を用いる意味を理解することができる。

本時の評価
・たし算の交換法則が成り立つことを理解することができたか。
・たし算の結合法則が成り立つこと及び（　）を用いて式を表す意味を理解することができたか。

準備物
・おはじきの数を書いたカード

授業の流れ

1　全部で何個あるでしょう？

5＋15＝20
20＋30＝50

30＋15＝45
45＋5＝50

30＋5＝35
35＋15＝50

5＋30＝35
35＋15＝50

30＋15＝45
15＋30＝45

問題場面を提示し，おはじきの個数を書いた3つのカード（30，5，15）を見せる。子どもは，たし算の場面だと判断し，個数を求める式を書く。そしておはじきの数は，2つの式でも1つの式でも求められること，足す順番が変わっても答えは同じだということを確かめる。

何色のおはじきの数から足してもよいので，たし算の交換法則が成り立つ意味が理解しやすい。

○月□日（△）

5

30　15

5＋15＝20
20＋30＝50

30＋15＝45
45＋5＝50

30＋15＝50
1つのしき

30＋5＝15＝50
じゅん番がちがう

5＋15＋30＝50

15＋5＋30＝50

たし算はじゅん番がかわっても答えは同じ

3色のおはじきがあります。ぜんぶで何こあるでしょう。

たし算

19

36　□

36＋19＋□＝
19＋36＋□＝
□＋36＋19＝
どれでもいいね

36＋□＋19

この数ならかんたんだな！

36＋20
36＋（①＋19）＝56
（36＋④）＋19＝59
40＋19

36＋⓪＋19＝55
（　）→ 先に計算するしるし

36＋⑤＋19＝60
（36＋4）＋（1＋19）
40　　　20

ひっ算しなくてできるの？

2　たし算は順番が変わっても答えは同じだから…

19＋36＋□

36＋19＋□

□＋36＋19

もう1組のおはじきの数（36，□，19）を示す。ところが，1つの色のおはじきの数は決まっていない。後で数を決めることを伝え，1つの式に表すことにする。

3　「36＋□＋19」の計算が簡単にできる数を入れよう！

どうしてその数にしたのかな？

この数だったらどうして簡単なのかな？

なるほどね。その数にした気持ちが分かる

36＋1＋19
36＋4＋19
36＋5＋19
36＋0＋19

「36＋□＋19」の□の中に，この数だったら簡単に計算できると思う数を書き入れさせると，上のような数を入れている。

4　どうしてその数にしたのかな？

友達が□の中に入れた数の意味から考える。
「1」は「1＋19＝20」になるから簡単だと言う。また，「4」の場合は，「36＋4＝40」になるから簡単で，どちらも足すと一の位が0になる数にしていることが分かってくる。
さらに「5」の場合は，これを4と1に分けて，「36＋4＝40」と「1＋19＝20」にしていることも理解される。

まとめ

たし算は足す順番を変えても答えは変わらないこと，そして，3口のたし算の場合で右側から先に計算しても左側から計算しても答えは変わらないことを確かめる。また，3口のたし算で先に計算することを表す記号に（　）があることを教える。

36＋（1＋19）＝56
（36＋4）＋19＝59
36＋5＋19＝（36＋4）＋（1＋19）＝60

各巻1本の授業動画付

1年（上）　中田 寿幸　「とけい」第2時

2年（上）　山本 良和　「たし算」第11時

3年（上）　夏坂 哲志　「わり算」第10時

4年（上）　大野 桂　「倍の見方」第1時

5年（上）　盛山 隆雄　「小数のわり算」第1時

6年（上）　尾﨑 正彦　「対称な図形」第1時

関西大学 初等部 教諭